子どもがやる気になる!!スポーツ指導

佐藤 善人 編著

学 文 社

まえがき

日々、子どものスポーツに関わっている指導者の皆さん。指導の過程で悩んでいることはありませんか?「子どもがなかなか上達しない」「子どもが話を聞いてくれない」「募集しても子どもが集まらない」……。きっとさまざまな悩みを抱えながら、それでも子どものためにと熱心に指導されていることでしょう。保護者の皆さんも、「うちの子は、どうして自主練習をしないのかしら……」「もっとやる気を出してほしい……」と悩みながらも、お子さんのプレイする姿を精一杯応援しているのではないでしょうか。

本書は、子どもの「やる気」に焦点を当てています。上達しないのも、話を聞かないのも、子どもが集まってこないのも、自主練習をしないのも、もしかしたら、子どもの「やる気」に火をつけられない指導者や保護者の問題かもしれません。「やる気はあるのか!!」と叱咤するだけでは「やる気」が起きるどころか、減退する恐れもあります。きっと「やる気」を喚起するには、具体的な方法があるはずです。

本書では、その方法とヒントを提案しています。教育学の視点、心理学の視点、スポーツバイオメカニクスの視点……、さまざまな学問的な観点から「やる気」の引き出し方を検討しています。また、保護者の関わり方についても述べています。各執筆者は、その分野に造詣が深い方であり、どの章にも「やる気」を引き出すヒントがぎっしり詰まっています。序論を読んでいただいた後は、第1章から順番に読む必要はありません。興味関心がある章から、また現在の悩みを解決するヒントを得られそうな章から読んでください。

本書を手にして子どもを指導したり、ご家庭でお子さんと接したりするということは、指導者や保護者の「やる気」がみなぎっているという証拠ですね。皆さんのような素敵な大人が増え、子どもの「やる気」を引き出す。子どもはスポーツに没頭し、スポーツを楽しみ、ますますスポーツが好きになる。そんな未来の子どもの姿を思い浮かべながら本書を読んでください。

さあ、指導者と保護者の皆さん。子どもの「やる気」について、ともに考えましょう‼

2018年2月

編著者　佐藤　善人

目次

まえがき　i

序　章　子どもがやる気になるスポーツ指導を目指して
——子どもの「今」から考える……〔東京学芸大学 教育学部 教授〕佐藤　善人　1

KEY WORD　心理学

第1章　やる気と情熱のスポーツ心理学……〔鹿児島大学 教育学部 准教授〕藤田　勉　10

KEY WORD　心理・社会的側面

第2章　身体活動で子どもの心理・社会的側面を伸ばし、やる気を引き出す……〔山口大学 教育学部 准教授〕上地　広昭　20

KEY WORD　教育学

第3章　運動・スポーツの「面白さ」からやる気を考える……〔東京学芸大学大学院 教育学研究科 教授〕鈴木　秀人　30

KEY WORD 社会学
● 第4章 子どものやる気を引き出すスポーツ社会学 ……… 40
〔岡山大学 学術研究院教育学域 准教授〕原 祐一
〔岡山大学 学術研究院教育学域 教授（特任）〕大倉 尚志

KEY WORD 根性論
● 第5章 「スポ根」再考
——根性論で子ども・選手のやる気は引き出せるのか？ ……… 52
〔関東学院大学 経営学部 准教授〕岡部 祐介

KEY WORD 集団（チーム）づくり
● 第6章 チームの成長が引き出す子どものやる気 ……… 61
〔国士舘大学 文学部 教授〕細越 淳二

KEY WORD 経営管理学
● 第7章 スポーツ組織が引き出す子どものやる気 ……… 70
〔久留米大学 人間健康学部 准教授〕行實 鉄平

KEY WORD マネジメント
● 第8章 子どものやる気を引き出すスポーツ指導者のマネジメント力 ……… 80
〔流通経済大学 スポーツ健康科学部 教授〕福ヶ迫善彦

KEY WORD 発育発達学
● 第9章 今の子どもたちの発育発達を考慮した運動・スポーツ指導の在り方 … 90
〔中京大学 スポーツ科学部 教授〕中野 貴博

KEY WORD エビデンスの活用
第10章 体力テストの結果を子どもの指導にどう生かすか …… 鈴木 宏哉 100
〔順天堂大学 スポーツ健康科学部 先任准教授〕

KEY WORD 生理学
第11章 子どもがやる気になる運動生理学 …… 小栗 和雄 111
〔岐阜聖徳学園大学 教育学部 教授〕

KEY WORD バイオメカニクス
第12章 スポーツバイオメカニクスの視点から子どものやる気を考える …… 窪 康之 122
〔国立スポーツ科学センター スポーツ科学研究部 副主任研究員〕

KEY WORD ICT機器
第13章 ICT機器の活用から子どものやる気を考える
——アスリートに学べ—— …… 水島 宏一 130
〔日本大学 文理学部 教授〕

KEY WORD リスク・マネジメント
第14章 子どものやる気を引き出すためのリスク・マネジメント …… 内田 良 140
〔名古屋大学大学院 教育発達科学研究科 准教授〕

KEY WORD 運動部活動
第15章 運動部活動で子どものやる気を引き出すには？
——「自治」と「内発的動機づけ」との関係—— …… 神谷 拓 149
〔関西大学 人間健康学部 教授〕

KEY WORD　運動遊び

●第16章　運動遊びの実践からやる気を考える
――指導者の関わりの視点――　……　村田トオル　158
〔大阪青山大学 子ども教育学部 教授〕

KEY WORD　アダプテッド・スポーツ

●第17章　障がいのある子どものやる気を引き出す運動・スポーツ指導　……　齊藤まゆみ　167
〔筑波大学 体育系 教授〕

KEY WORD　保護者

●第18章　子どものやる気を引き出す保護者の役割　……　村田　一恵　176
〔スポーツペアレンツジャパン 代表〕

●終　章　子どものやる気を引き出すコーチング　……　佐藤　善人　187

あとがき　197

序章

子どもがやる気になるスポーツ指導を目指して
――子どもの「今」から考える

東京学芸大学 教育学部 教授
佐藤《さとう》 善人《よしひと》

1 本書の意図

「どうしたら、子どもはやる気をもってプレイしますか?」

指導者から、こういう質問を受けることは少なくありません。どのような指導で子どもはやる気を出してスポーツ実践に取り組み、そして成果を上げることができるか、指導者の大きな関心事の一つです。やる気を喚起することは、子どもを意欲的にさせることにほかならないのですが、読者の皆さんはこの言葉の意味を深く考えたことがあるでしょうか。かくいう筆者も「やる気」をよく用いますが、そもそもこれはどのようにしたら引き出せるものなのか、真剣に考えたことはありませんでした。ややもすると、「あの子はやる気がある」とか、「あの子はおとなしく消極的だ」とかといった具合に、性格との関係から子ども側の問題として捉えてきたこともあったと思われます。

一方で、消極的な子どもが、あるきっかけを境にやる気を出してプレイすることはよくありますし、その逆もあります。これらは、やる気を性格の問題として、子どもにその責任を転嫁してはいけないことを私たちに語りかけています。つまり、指導者や保護者の関わり方ひとつで、子どもは意欲的になったり、消極的になったりするのであり、子どものやる気は大人側の問題とも捉えることができるのです。

本書では、このやる気にスポットを当て、単に子どもの問題として矮小化《わいしょうか》することなく、大人の問題として検討していきます。さまざまな立場の研究者や豊富な指導経験をもつ指導者など、多くの方にご登場いただき、子どもがやる気になるスポーツ指導のあり方を探っていきます。

2　子どもを取り巻く問題状況

さて、子どもがやる気になるスポーツ指導を行うためには、まずは子どもの実態を把握する必要があるでしょう。指導は常に子どもの現実から出発しなければ、彼らにとって意味のあるスポーツ活動にはならないからです。

最近の子どもは運動・スポーツをしなくなり、ゲームで遊ぶことが多くなったといわれています。またICT機器の発達・普及により、インターネットやSNSを用いて過ごす子どもも多いようです。『日本子ども資料年鑑２０１７』によると、平日に子どもがゲームで遊ぶ時間が2時間以上であるのは、小学5年生は12・6％、中学2年生は18・3％です。これが休日になると、小学5年生は28・4％、中学2年生女子は37・4％と倍増します。また、スマートフォンやパソコンでインターネットにアクセスする平均時間は、小学校高学年の男子は93・2分、女子は76・3分であり、中学生は大幅に増えて男子は１３１・5分、女子は１２２・9分です。これらの影響からか、「現実の世界の遊び」と「ネットやテレビゲームの遊び」のどちらが好きかを尋ねた調査では、小学生ではやや「現実の世界の遊び」を好きと答えた子どもが多いものの、中学生ではわずかながら「ネットやテレビゲームの遊び」を好きと答えた子どもが多い結果となっています。これでは、子どもが運動・スポーツから遠ざかっているというのもうなずけます。

　子どもの遊びの質的な変化により、子どもの体力・運動能力は大きく低下しました。たとえば、スポーツ庁（2017）は現在の小学5年生のソフトボール投げの記録を公表しています。それによると、男子は22・41ｍ、女子は13・87ｍです。１９８５年の記録が、男子は29・94ｍ、女子は17・60ｍであっ

昔の子どもは日が暮れるまで群れて遊んだが、今は…。

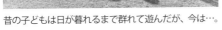

たことと比較すると、大きく低下していることがわかります。また中学2年生のハンドボール投げの記録を同様に比較したところ、男子は22・10ｍが20・56ｍに、女子は15・36ｍが12・78ｍに低下しています。こういった傾向は投能力に限ったことではありません。走能力、跳能力なども30年前の子どもと比較すると、現在の子どもの記録は低い状態です。

昔は現在のように遊びが多様化しておらず、小学生は外で運動遊びを、中学生は運動部活動をして過ごすことが多く、それに伴って体力・運動能力は育まれていました。その基礎の下に指導者はスポーツ指導を行うことができました。しかし、先述のように現在の子どもは身体活動を伴わない遊びに慣れています。指導者は、昔の子どもよりも体力・運動能力が大幅に低い集団を対象に、スポーツ指導をしなくてはならないのが現状です。

3　二極化する運動経験

体力・運動能力の低下の問題は、単に全体の平均値が下がったということでは済まされない、複雑な問題をはらんでいます。それは運動・スポーツをする子としない子との二極化です。スポーツ庁（2017）は、子どもの体育授業を除く総運動時間を調査しています。それによると、小学5年生の男子の6・5％、女子の11・6％は、一週間の総運動時間が60分未満でした。同様の調査で、中学2年生については男子が6・7％、女子が20・9％でした。

一週間の総運動時間が60分未満であった中学2年生女子の運動時間の内訳を見ると、全く運動をしないと回答したのは（20・9％のうち）72・7％でした。つまり、7人に1人は体育授業以外では運動を全くしない生活を送っているということになります。一方で、スポーツ少年団や運動部活動などで熱心に運動・スポーツを実践している子どもも多数いることを考えれば、女子の運動経験の二極化はとくに大きいといえます。

この二極化は、運動指導の際に大きな障害となります。たとえば体育授業でサッカーを行うとします。その学級には、Jリーグの下部組織で活躍する、まるでキャプテン翼のようなサッカー少年がいる一方で、ほとんど運動をすることなく生活している女子児童がいるのです。この状況下で、多くの子どもにサッカーの面白さを味わわせるのは至難の業です。二極化傾向がエスカレートすればするほど、指導者の悩みは大きくなります。

4 指導者は子どもの変化に対応しているのか

ここまで述べてきたように、子どもの体力・運動能力の低下、そして運動・スポーツ経験の二極化が進んだことにより、昔と比較してスポーツ指導が難しい状況となっています。こういった現状に対して、指導者は柔軟に対応できているでしょうか。今なお話題に上る体罰問題、あるいは体罰とまではいかなくとも、グラウンドから子どもに対する罵声《ば》が聞こえてくることは、しばしばあります。またスポーツ少年団では、指導者の高齢化が問題となっており、これは旧態依然とした指導が残る原因の一つになっていると考えられています。反対に学校では、団塊世代の大量退職に伴って若い教員が増加しており、指導力不足が懸念されています。指導者に目を向けてみると、変化した子どもの現実に十分に対応できていないのではないかと、首をかしげたくなる状況があるのです。

「ガンバリズム」という言葉がスポーツ指導の場面で使われることがあります。運動・スポーツを頑張ることで、必ず成果は表れるという「巨人の星」や「アタック№1」の世界を象徴する言葉です。もちろん頑張って努力し、成果を収めるのは素晴らしいことです。しかし、今の子どもは頑張る過程でくじけて、すぐに諦めてしまうことがあります。いわゆるスポ根漫画のように、指導者が頑張ることのみを強要すれば、今の子どもたちはついていくことができず、その運動・スポーツを嫌いになってしまうかもしれません。

昔の子どもと今の子どもの状況は、心身共に大きく異なっています。この変化は子どものせいで起こったのではなく、大人が社会を変えてきたために起きたといえます。大人の責任で起こったこの変化を、「今の子どもは根性がない」「体力がない子どもばかりで困ってしまう」と子どもの責任にすり替えて対策を取らないでいるのは、指導者の怠慢といえるのではないでしょうか。

5　保護者の期待の増大

指導者だけではなく、保護者にも問題はあります。少子化により、子どもにかけるお金と時間が一人に集中しており、これが保護者の過剰な期待を生み出す要因の一つとなっています。保護者の期待が大きくなれば、「もっと練習しなさい」「それではレギュラーになれないわよ」と、子どもに対してプレッシャーをかけ、関わり方が厳しくなります。

子どもへのプレッシャーだけではありません。指導者に対する保護者の接し方も変わってきていると聞きます。「うちの子はどうして試合に出られないの？」「指導方法が悪いから勝てないのよ」「お金を払っているのだから……」といった具合です。指導者にプレッシャーをかけても、それがスポーツ指導によい影響を与えるとは思えません。

２０２０年に開催される東京オリンピック。「私の子どもも出場できるかも!!」と期待を膨らませている保護者はいると思われます。もちろん、東京オリンピックは成功してほしいですし、多くの子どもたちがオリンピックに夢をもつのは素晴らしいことです。しかし、オリンピックに出場できるのはひと握りのスーパーアスリートだけです。たとえば、正月の風物詩となっている箱根駅伝には、毎年約２００人の選手が出場しています。彼らは素晴らしい選手ばかりですが、そのなかからオリンピックのマラソン代表になれるのは4年間で3人程度です。トラック競技を含めても、長距離種目でオリンピックに出場できるのは男女合わせてわずか十数人です。箱根駅伝でわれわれに感動を与えてくれる才能豊かな選手がふるいにかけられ、残った選手が想像を絶する大変な努力を重ねて、やっと勝ち取ることができるかできないか、というほどの狭き門なのです。こういった現実に注目せずに保護者の過剰な期待によって子どもを追い込み、やる気を減退させ、運動・スポーツ嫌いにしてしまうことは避けなくてはなりません。

保護者が子どもだった30年ほど前に、自身の保護者から受けた家庭教育の方法では、今の子どもには伝わらないことはたくさんあると思われます。子どもが運動・スポーツを大好きになり、「もっとやりたい」「うまくなりたい」とやる気をもってプレイする状況をつくり出すために、保護者も子どもとの関わり方を学ぶ必要があるでしょう。もしかしたら、保護者の過剰な期待は、子どものためではなく「保護者の見栄」から生じているのかもしれません。

6　本書の可能性

ここまで、子どもの変化と、それに対応できずにいる指導者と保護者の問題を述べてきました。もちろん、ここで述べたことはすべてには当てはまりません。しかし、全くの的外れでもないような気がしています。冒頭で述べたように、子どもがやる気になるかどうかは、大人側の問題と認識すべきです。これを子どもの問題としていては、初めの一歩を踏み出せません。私たちは、目の前の子どもの現実を直視しつつ、彼らがやる気をもって意欲的に運動・スポーツを行う方策を考えなくてはならないのです。

たとえば、教育学や心理学、生理学といった分野の研究成果から、子どもをやる気にするためにどのような知見が示されるのでしょうか。指導者が経験のなかで培ってきた指導のコツによって、子どもはやる気をもって意欲的にプレイするかもしれません。保護者の接し方の改善により、これまで以上に子どもは運動・スポーツに没頭することでしょう。子どもがやる気になるために私たち大人ができること、これを本書が提案します。

さあ、これからご登場いただく研究者、指導者の皆さん。子どものやる気を引き出す多くのヒントをご紹介ください。そして、そのヒントを手がかりに、スポーツ指導に関わる皆さんの力で子どもをやる気にして、多くの運動・スポーツ好きを育んでいこうではありませんか！

引用・参考文献
恩賜財団母子愛育会愛育研究所（2017）『日本子ども資料年鑑２０１７』ＫＴＣ中央出版　３０９、３２０頁
スポーツ庁（2017）『平成28年度 全国体力・運動能力等調査』10－11、13頁

KEY WORD
心理学

第1章

やる気と情熱のスポーツ心理学

鹿児島大学 教育学部 准教授
藤田《ふじた》 勉《つとむ》

1 やる気、意欲、動機づけ

やる気や意欲のことを心理学の用語で動機づけ（motivation）といいます。動機づけとは、行動を起こさせ、その行動を維持してある一定の方向に向かわせる心的な過程と定義されています。この定義からすると、動機づけとは、直接的に競技成績を向上させるための心理的要因ではないことが理解できると思います。

スポーツ心理学では動機づけを、主に行動の持続性に関する心理的要因として扱っています。なぜ行動の持続性を扱う必要があるのかというと、スポーツを始めても長く続かずにやめてしまうという継続あるいは離脱の問題があるからです。この問題に対して、子どもたちにスポーツを長く続けてもらうにはどうすればよいのか、子どもたちがドロップアウトしないようにするにはどうすればよいのか、という研究が進められています。

一般的には、「動機付け」と書かれることもあるため、やる気を起こさせたり、意欲的になるような働きかけをして行動に勢いをつけたり、粘り強さを発揮させたりする方法と思われがちです。このような「動機付け」とは、本来の実力を発揮させるために、意図的に最適な興奮状態に気持ちを高めようとするサイキングアップという手法に近いと思われます。確かに、「やる気にさせる」という点では効果的な手法かもしれません。しかし、「やる気にさせる」前に実力を身につけなければ、サイキングアップの効果は得られません。実力を身につけるためには、始めた行動を続けることです。それが動機づけの役割です。

2 スポーツにおける動機づけの意義

なぜスポーツを続ける必要があるのでしょうか。10年1万時間ルールという法則があります。あらゆる分野の一流と呼ばれる人たちに面接調査を行ったところ、ある共通点が明らかになりました。それは、質の高い練習に、およそ10年間に累計で約1万時間取り組んでいるということです。

このことは、卓越した技能の獲得には、量より質ではなく、量も質も必要であることを意味しています。「継続は力なり」ということですね。継続は動機づけによって支えられています。短時間の楽な練習では、技能は向上しません。厳しい練習を長い時間かけて取り組んだ先に、卓越した技能の獲得があるのです。

スポーツを始めたからといって一流選手を目指す必要はありませんが、多くの子どもは、うまくなれるものなら、ぜひそうなりたいと願っているはずです。動機づけは直接的に競技成績を向上させるための心理的要因ではないと書きましたが、それは、動機づけの意義が「続けること」だからです。継続によって技能が向上し、その結果、競技成績が向上するのです。

3　内発的動機づけと外発的動機づけ

動機づけには、内発的動機づけ（Intrinsic Motivation）と外発的動機づけ（Extrinsic Motivation）という区別の仕方があります。言葉のイメージからすると、内発的動機づけは自己の内面にあるもので、外発的動機づけは他人から与えられるものと思われがちですが、そうではありません。内発でも外発でも、動機づけとは自己の内面にあるものです。

内発的動機づけでは、スポーツをすること自体が目的となります。これは、スポーツに内在する魅力にひかれて動機づけられていることを意味しています。この場合の魅力とは、主に、夢中で没頭すること、熟練して上達すること、新しい発見を探索すること、の三つを指します。

それに対して、外発的動機づけでは、スポーツをすることが報酬獲得のための手段となります。内発的動機づけに該当しないものはすべて外発的動機づけであるため、たくさんの例があって挙げ切れないのですが、叱られないため、やることを強制されているためなど、ネガティブな外発的動機づけもあれば、健康になるため、友達と仲良くなるためなど、ポジティブな外発的動機づけもあります。

どのタイプの動機づけが継続することに有力なのかといえば、内発的動機づけです。競泳のジュニア選手を対象として内発的動機づけを質問紙で測定した調査では、クラブへの所属を継続した選手は、途中で脱退した選手よりも内発的動機づけが高かったという報告があります。

ネガティブな外発的動機づけは不要ですが、ポジティブな外発的動機づけはあってもよいと思います。しかし、継続という点からすると、内発的動機づけにはかないません。スポーツに内在する魅力を追求するにはスポーツをすること以外の手段はありませんし、追求するということはどこまでも続けていくということでもあります。

それに対して、健康になるための手段や友達と仲良くなるための手段は、スポーツをすること以外にもあります。また、健康になれた場合や友達と仲良くなれた場合には、そこで目的は達成されてしまい、スポーツをする必要がなくなります。やり方次第では外発的動機づけによって短期間のうちにある程度の成果が出せるため、それを有力視する立場もありますが、スポーツを愛してやまないコーチならば、スポーツに内在する魅力を追求する子どもたちを育てたいと思いませんか。

それでは、内発的動機づけを高めるためにどのような指導法が提案されているのでしょうか。

4 エンパワリングコーチング

エンパワリングコーチング（Empowering Coaching）には、「すべての選手の潜在能力を最大限に引き出す指導法」という意味があります。ヨーロッパ５ヵ国の研究者とコーチによって実施されたパパプロジェクト（PAPA Project：Promoting Adolescent Physical Activity Project）から提案されました。パパプロジェクトは、40年以上にわたって取り組まれてきた動機づけ理論の実証的な研究から得た知見を実践しようと始まったプロジェクトです。エンパワリングコーチングでは、内発的動機づけを高めるための指導法がたくさん紹介されています。そのなかから、「自律性支援的な指導」（Autonomy Supportive Coaching）を紹介します。

この指導法では、①子どもたちが発言しやすい雰囲気

指導者には子どもの内発的動機づけを高める指導が求められる。

をつくり、発言があった場合にはそれを尊重してあげること、②子どもたちがやりたいと思っていることを思う存分にやらせてあげること、③子どもたちに練習メニューや作戦・戦術について根拠ある説明をしてあげること、④子どもたちが自主的に行動しているときはイニシアチブを取らせてあげること、⑤子どもたちにポジティブフィードバックを与えるときは個人レベルの上達度を褒めてあげること、⑥子どもたちそれぞれに応じた役割を与えてその重要さを伝えること、⑦子どもたち同士がお互いに助け合い励まし合い協力し合うことを推奨すること、などが提案されています。

「自律性支援的な指導」を1年半実践したスイミングクラブでは、実践前よりも実践後のほうが子どもたちの内発的動機づけは高まりました。さらには、例年、このクラブでは加入後1年の間に約35％の子どもたちがクラブを退会していたのに対して、「自律性支援的な指導」を実践した年には退会者が約5％に減少しました。内発的動機づけは、質問紙調査で測定されることが多いのですが、実際に退会者を減少させる効果があることも明らかになっています。

5　スポーツ指導への情熱

エンパワリングコーチングを実践するために、コーチに求められるものとはなんでしょうか。ここでは、前述の提案のなかから、「自律性支援的な指導」を実践するための情熱（Passion）のもち方について解説したいと思います。情熱には、「ある物事に向かって気持ちが燃え立つこと」という意味があります。スポーツの世界では、情熱を成功のキーワードに挙げる名コーチはたくさんいます。情熱をもって指導をすることは望ましいことです。

しかし、情熱のもち方次第では望ましくない指導になることもあります。情熱には、調和的情熱（Harmonious Passion）と執着的情熱（Obsessive Passion）という二種類の情熱があります。どちらのタイプの情熱も行動を持続させる働きがあります。したがって、熱心なスポーツ指導を継続するためには両方の情熱が欠かせません。しかし、スポーツ指導をすることで得られる感情、日常生活（本業がある人はその職務、家族や友人との人間関係など、すべてを含む）への満足感、ストレス、バーンアウトなど、感情面や認知面になると、調和的情熱と執着的情熱の働きはそれぞれ異なってきます。

情熱をもっているすべてのコーチには調和的情熱と執着的情熱との両方が備わっているのですが、どちらの情熱を優先するのかは、アイデンティティ（自分らしさ）がどのような環境のなかで形成されてきたかによって決まると考えられています。望ましいのは調和的情熱です。調和的情熱とは、熱心なスポーツ指導から純粋な充実感が得られるタイプの情熱です。

このタイプの情熱は、周囲のプレッシャーや自己のプライドが一切関与しない環境のなかで、アイデンティティが形成されます。調和的情熱を優先するコーチは、自らの行動を主体的にコントロールできるため、スポーツ指導を人生経験の一部としてうまく調和させることができます。

その結果、スポーツ指導をすることで得られる感情はポジティブであり、日常生活への満足感も高いものです。

それに対して、望ましくない執着的情熱とは、熱心にスポーツ指導をするあまりに執着してしまうタイプの情熱です。このタイプの情熱は、周囲から高い評価を得ることや自己のプライドを維持することへの切迫さを受ける環境のなかで、アイデンティティが形成されます。執着的情熱を優先するコーチは、スポーツ指導に執着してしまい、自らの行動をコントロールできずに、日常生活もうまくいかなくなることがあります。その結果、スポーツ指導をすることで得られる感情はネガティブになることがあり、日常生活でストレスを認知する程度やバーンアウトの傾向も高くなりがちです。

スポーツ指導に取り組む情熱的なコーチは、子どもたちに指導をする時間だけでなく、効果的な練習メニューや作戦・戦術を考える時間、また指導力向上のために情報を収集する時間など、かなりの時間をスポーツ指導に費やしていると思われます。また、生活費をスポーツ指導のために投資する方、さらには、人生をスポーツ指導に捧げるといっても過言ではないほどに心理的な投資をする方もいると思われます。つまりは、日常生活の大半がスポーツ指導で占められているため、そこで経験することは日常生活に影響するのです。

ここで問題となるのは、執着的情熱を優先するコーチです。成果が表れているうちはよいのですが、コーチの要求に対して子どもたちが応えられないとき、そこで発生する負の感情をうまくコントロールできず、その感情を子どもたちにぶつけてしまうことがあります。さらに、その感情は日常生活にも影響し、すべてがフラストレーションで満ちあふれ、ストレスフルな状況に陥ります。これでは好きで取り組んでいるはずのスポーツ指導でさえも苦痛になってしまいます。

最近の研究により、調和的情熱を優先するコーチは「自律性支援的な指導」になること、それに対して、執着的情熱を優先するコーチは強制的な指導になることが明らかになっています。つまり、執着的情熱を優先することは、コーチ自身のみならず、子どもたちにもメリットがないのです。ぜひ調和的情熱を優先し、「自律性支援的な指導」を実践してください。

6　スポーツ指導に内在する魅力の追求

内発的動機づけを高めることの重要性はご理解いただけたと思います。しかし、子どもたちの内発的動機づけを高めるにはどういう指導法が効果的なのかということのみならず、コーチ自身がスポーツ指導に内在する魅力を追求することも必要だと考えます。つまりは、コーチも内発的に動機づけられてスポーツ指導をする、ということです。

すべてのコーチは、「一人でも多くの子どもにスポーツの楽しさを伝えたい」と思っているに違いありません。その楽しさにはバリエーションがあるとよいでしょう。子どもたちもコーチと同じで、試合に勝ちたいのです。試合に負けたくて練習している子どもはいません。しかし、試合に勝つことの楽しさしか伝えられないような指導では、子どもたちは育ちません。スポーツ指導に内在する本来の魅力を熟考し、その魅力を追求する姿勢をもち続けてください。子どもたちが10年1万時間のなかでスポーツをしているように、コーチの皆さんも10年1万時間のなかで学び続けてください。

引用・参考文献

Duda, J. L. (2013) The conceptual and empirical foundations of Empowering Coaching: Setting the stage for the PAPA project. *International Journal of Sport and Exercise Psychology*, 11 (4): 311–318.

Ericsson, K. A., Krampe, R. T., & Tesch-Römer, C. (1993) The role of deliberate practice in the acquisition of expert performance. *Psychological review*, 100 (3) : 363-406.

Roberts, G. & Treasure, D. (2012) *Advances in motivation in sport and exercise*, Human Kinetics.

Vallerand, R. J.(2004) Intrinsic and extrinsic motivation in sport, in C. Spielberger (ed.), *Encyclopedia of Applied Psychology* (pp.427–436, vol.2). San Diego:Academic Press.

Vallerand, R. J., Blanchard, C. M., Mageau, G. A., Koestner, R., Ratelle, C., Léonard, M., Gagné, M., & Marsolais, J. (2003) Les passions de l'ame: one obsessive and harmonious passion. *Journal of personality and social psychology*, 85 (4) : 756-767.

KEY WORD
心理・社会的側面

第2章

身体活動で子どもの心理・社会的側面を伸ばし、やる気を引き出す

上地《うえち》　広昭《ひろあき》
山口大学　教育学部　准教授

1　人生の知恵は遊びで学ぶ

私が小学生の頃、一番楽しみにしていたのは、昼休みにグラウンドに出て友達と思いきり遊ぶことでした。ただ、なんらかの理由で遅れて友達の輪に入れてもらう際には、「もし拒絶されたらどうしよう」と子どもながらに多少の戸惑いと緊張感を覚えたものです。クラスのリーダー的存在に、うまくタイミングを見計らって「入れてー!」と声を掛けなければなりません。この一言に対しては、受け入れる側もむげに拒絶してはならないという、子どもながらの不文律があったように思います。

おそらくこれは、今でも多くの小学校で見かけるありふれた光景でしょう。しかし、頼むべき

相手を素早く見極めて、必要最小限のフレーズで、タイミングよく大きな声で呼びかけるというこの一連の行動は、実は非常に高度な社会的スキルが要求されます。

われわれは子どもの頃、友達とどのように付き合うべきなのか、何をすれば人に喜ばれ、何をすれば人に嫌がられるのか、その大半を机の上の勉強ではなく、外遊び・運動・スポーツ（以後、これら三つをまとめて「身体活動」と表現します）といった、お互いの生身の身体を通した交流のなかで学んできました。哲学者のロバート・フルガムもその著書のなかで、なんでもみんなで分け合う、ズルをしない、人をたたかない、散らかしたら自分で後片づけをする——これら人生の知恵は大学院という山のてっぺんにあるのではなく、日曜学校（幼稚園）の砂場に埋まっていた、と述懐しています。

2 身体活動は人格形成に役立つのか

ところで、身体活動を通した友達との交流によって、本当に社会性は身につくのでしょうか。もう少し話を広げると、身体活動は本当に人格の形成に役立つのでしょうか。

たとえば、古代ローマ時代の風刺詩人であるユウェナリスの「健全なる精神は健全なる身体に宿る」という有名な格言があります。どうやら本来の意味とは少々ニュアンスが違うそうですが、近代における慣用的な解釈は「身体が健全ならば、精神もおのずと健全になる」といったものになるかと思います。またわが国においても、「日本体育の父」であり柔道の創始者でもある嘉納治五郎が、柔道を通じての精力善用・自他共栄を提唱しています。身体活動の実施や、それによって得られる健全な身体は、人格形成のために有益であると従来考えられてきたのです。

確かに、経験的にも身体活動は、望ましい人格の形成に大いに影響を与えるように思われます。しかしその一方で、現在においても、スポーツ選手や運動部員による暴力事件、賭博問題、薬物問題といった醜聞が後を絶たないのも事実です。世間の運動やスポーツに対する印象は、必ずしも肯定的なものばかりではありません。なかには、運動やスポーツによる身体の鍛錬を知性の対極に位置づけ、学校教育における体育などは、「精神を入れる容器の手入れ」程度に理解する向きも古くから存在します（猪飼 1967）。実際のところ、身体活動を通して肯定的な人格が形成できるのかについての実証的研究は乏しく、いまだ明確な関係性は証明されていないのが現状です。

3　身体活動と肯定的人格に関する実証的研究

そのようななか、最近では、少ないながらもいくつかの研究が存在します。たとえば、上地（2014）は小学校高学年を対象に、日常の身体活動量と肯定的な人格特性との関係について調査研究を行っています。そこでは、アメリカの心理学者・セリグマンが唱えた、時代・民族・宗教などを超えて人間が普遍的にもつと考えられる24の人格特性（好奇心、勇敢さ、思いやり、協調性など）

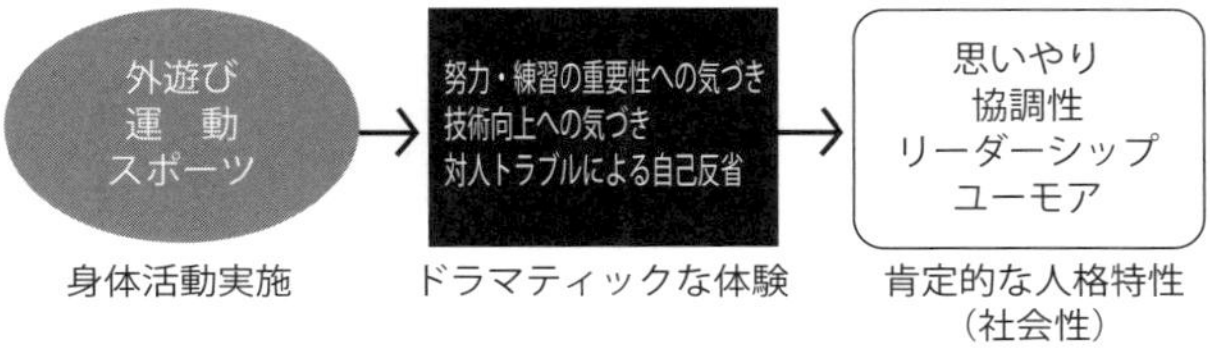

図 2.1　身体活動の実施と肯定的な人格形成との関係についての仮説モデル

を取り上げ、子どもたちの日常の身体活動量（外遊び、運動、スポーツの総実施時間）との関係を見ています。

その結果、男子児童においてのみではありますが、日常の身体活動量と肯定的な人格特性とが関連を示していました。細かく見てみると、身体活動の実施時間が長い児童ほど「思いやり」「協調性」「リーダーシップ」「ユーモア」の得点が高いという結果になりました。これらの身体活動と関連をもった人格特性の共通点は、社会性やコミュニケーション能力に関わる特性であるということです。

では、なぜ身体活動の実施によって、これらの肯定的人格特性が伸びるのでしょうか。これについては、身体活動のなかからスポーツのみを取り上げたものですが、北井・橋本・石橋・小澤（2013）の研究が参考になります。彼らは、スポーツの実施が肯定的人格の形成に好ましい影響を与えるプロセスには、「努力・練習の重要性への気づき」「技術向上への気づき」および「対人トラブルによる自己反省」の三つのドラマティックな体験が介在することを明らかにしています。三つめに示された、対人トラブルによる自己反省の体験は、まさに上地（2014）の研究結果にある社会性やコミュニケーション能力の育成に強く関わる体験といえます

（図2・1参照）。そのほかにも、スポーツは身体の動きだけではなく、表情や視線といったノンバーバルなスキルが重要な役割を果たしており、これらのスキルを身につける練習になるとの意見もあります（杉山 2013）。

また近年では、アンケートによる調査研究だけではなく、脳神経科学の見地からの研究もなされています。それらの研究によると、身体活動の実施は脳の前頭前野の発達に寄与することが明らかにされています。前頭前野は抑制機能（感情のコントロール）を司《つかさど》っており、円滑な友達関係を形成するうえでも非常に重要な役割を果たす部位です。つまり、身体活動は脳の前頭前野の発達を促し、衝動を抑える機能を高め、社会性を強化することが生理学的にも裏づけられているのです。実際に、全身持久力が高い子どもほど、抑制機能を評価するテストの得点が高いとの報告もあります（Buck, Hillman, & Casttelli 2008）。

ただし、これらの実証的研究で明らかにされているのはほんの一部であり、身体活動の実施と人格形成との関係については判然としない部分がいまだ多く存在します。たとえば、子どもだけではなくほかの発達段階でも同じように人格形成に役立つのか、運動・スポーツ種目（個人競技なのか、集団競技なのか）による効用の差異はないのかなど、このテーマに関する議論は尽きません。

4　社会性を育て、自らやる気にさせる指導とは

ここからは、子どもの社会性を育て、自らやる気にさせるために、指導者側はどのようなことに配慮しながら指導を行わなければならないのかについて、行動科学の見地から考えてみたいと思います。まずは、人間の行動が形成されるプロセスから見ていきましょう。

行動形成のメカニズム

アメリカの心理学者・スキナーは、人間の行動形成の過程を「環境→行動→結果」という非常にシンプルな図式で表しました（図2・2）。つまり、特定の環境下においてある行動を起こすと、ある結果が得られます。その結果が好ましいもの（快）であれば、その後の行動は増加するし、好ましくないもの（不快）であれば、その後の行動は減少するということです。

たとえば、「挨拶」という行動について考えてみましょ

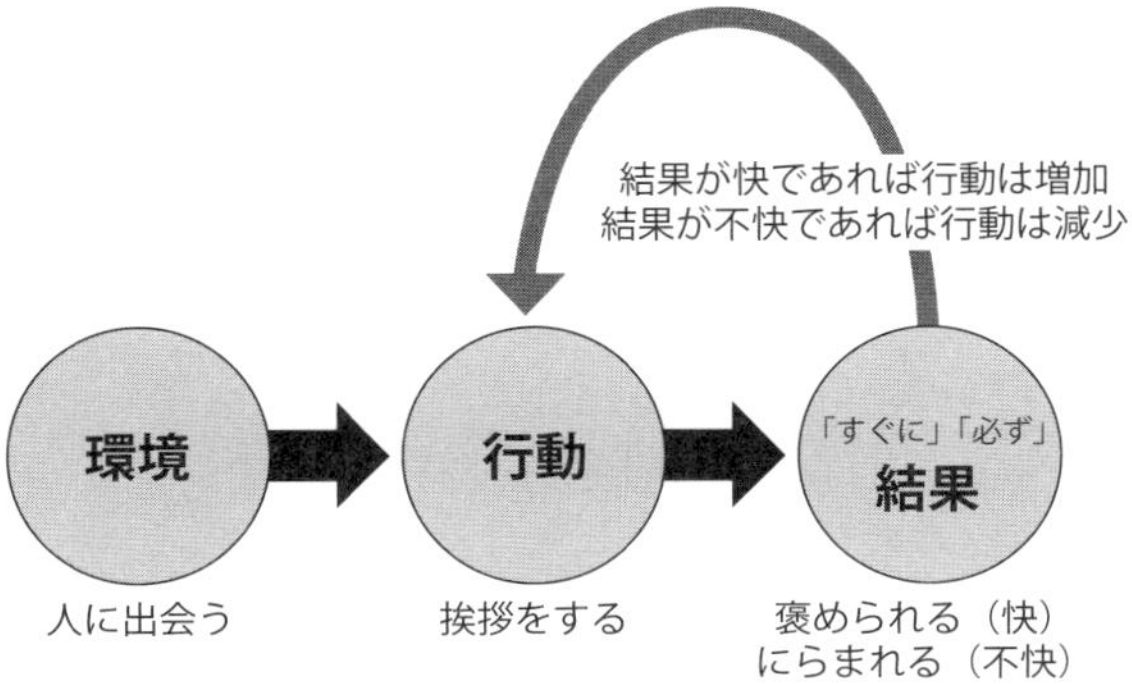

図 2.2　スキナーによる行動形成の過程

う。大人にとって人に会ったら挨拶をするのは常識かもしれませんが、人間に生得的に挨拶をするという行動が備わっているわけではありません。われわれは小さい頃、人に会う環境において挨拶をするという行動を起こすと、大人から褒められるという結果（快）を経験してきたはずです。これを繰り返すことで、われわれは人に会うと挨拶をするという行動を学習したのです。

「すぐに」「必ず」褒めてあげる

ここで、行動を効率的に形成させるための二つのポイントを説明します。それは、時間近接と随伴性です。時間近接とは、行動が出現したらできるだけ早く快を与えるということです。ですから、子どもの好ましい行動を見かけたらすぐに褒めてあげることが重要です。後から褒めてあげても、頭の中で行動と快とが結びつかず、非効率的です。

もう一つの随伴性というのは、行動が出現したら必ず快を付与するということです。子どもが同じ行動をしたにもかかわらず、指導者があるときは褒めて、あるときは褒めないといった一貫性のない状態だと、子どもは戸惑ってしまい、指導者に不信感を抱きます。これでは行動が定着しません。指導者は気分で褒めたり褒めなかったりするのではなく、一貫性をもって褒めるときは必ず褒めるようにすることが大切です。これは叱るときも同様です。

また、快も不快も与えない、つまりなんのフィードバックも与えないというのも問題です。確かに、指導者が過剰に介入せず、子ども同士による自主的な社会性の発達を遠くから見守るのも一つの手かとは思います。現に先ほど、スポーツ場面における「対人トラブルによる自己反省」の体験は、肯定的な人格特性につながると述べました。しかし、それはある程度年齢が上がってからの話で、まだ行動が形成されていない段階では、指導者が介入して構いません。

たとえば子どもが友達を助けてあげていたら、指導者は「今の行動は素晴らしいぞ！」とみんなの前で褒めてあげることが重要です。指導者からのこの肯定的な意思表示が快になります。もちろん、助けられた友達からの「ありがとう」というお礼も快になりますが、そこにさらに指導者からの快が加わることで、より効率的な行動形成につながるのです。

また、助けた側を指導者が褒めることで、助けられた側の「感謝」の気持ちを育むきっかけにもなります。子どもは大人の庇護《ひご》の下で生活しているので、人から助けてもらうことに対する感度が低く、無自覚です。指導者が助けた側の子どもを褒めることで、助けられた側の子どもも、友達に助けてもらうことが当たり前ではないことに気づくことができます。

関係性への欲求を刺激する

指導者が高い社会性を有した集団をつくりあげることは、子どもの自律的な身体活動参加を促すことにもつながります。アメリカの心理学者であるデシとライアンによれば、人間は「関係性への欲求」を刺激されると、内発的に動機づけられるといわれています。つまり、人と結びつきたい、人に受け入れられたいという、誰もがもつ欲求を満たしてあげることで、人間は自らその行動に取り組むということです。

たとえば、サッカーがそれほど好きではない子どもも、仲の良い友達と昼休みに行うサッカーには楽しそうに参加しているはずです。これは、友達と一緒に行うことで関係性への欲求が満たされるからです。指導者は、運動やスポーツにあまり興味を示さない子どもに対しても、子どもたちの集団内の人間関係をしっかり把握し、その子の関係性への欲求をうまく刺激する環境にしてあげること（仲良しの友達とペアを組ませるなど）で、積極的な参加につなげることが可能です。

5　おわりに

最後に、本稿のなかで「人間の行動は環境→行動→結果により形成される」と述べましたが、実はこれはあくまで動物の話であり、高等動物の頂点である人間の場合は、必ずしもこの限りではありません。人間は実際に体験しなくても、頭の中でシミュレーションしたり、他人の行動の顛末《てんまつ》を観察し

関係性の欲求をうまく刺激すると積極的な参加につながる。

たりするだけで、ある程度新しい行動を形成することができます。

しかし、人間も動物であることに変わりはありません。身体を通して試行錯誤しながら学習することが、本来動物としての人間の正しい姿なのではないでしょうか。とくに、子どもは大人以上に動物的要素をもっています。子どもなりに身体を通して、快も不快も直接体験することで、肯定的な人格形成に役立ててほしいものです。

引用・参考文献

Buck, S.M., Hillman, C.H., Castelli, D.M.（2008）The relation of aerobic fitness to stroop task performance in preadolescent children. *Med Sci Sports Exerc,* 40（1）: 166–72.

猪飼道夫（1967）『日本人の体力―心とからだのトレーニング』日本経済新聞社

北井和利・橋本公雄・石橋剛士・小澤雄二（2013）「大学男子柔道選手のスポーツドラマチック体験と心理的特性の関係」『熊本学園大学論集「総合科学」』19、135–151頁

杉山佳生（2013）「大学体育における心理社会的スキル教育の現状と課題（特集 大学体育の質保証と評価）」『体育・スポーツ教育研究』15（1）、10–17頁

上地広昭（2014）「ポジティブ心理学の視点から見た子どもの運動遊び―身体活動と6つの美徳の関係」『平成25年度 日本体育協会スポーツ医・科学研究報告 社会心理的側面の強化を意図した運動・スポーツ遊びプログラムの開発および普及・啓発―第1年次』、19–24頁

KEY WORD
教育学

第3章

運動・スポーツの「面白さ」からやる気を考える

東京学芸大学大学院 教育学研究科 教授
鈴木《すずき》 秀人《ひでと》

1 絶滅した運動遊び

次頁の写真は筆者の小学校の卒業アルバムにあった写真ですから、1970年代前半のものです。昭和の時代には日本全国どこの小学校でも見ることができた、「馬のり」という、今では絶滅してしまった遊びの写真です。

最初のジャンケンで負けた守る側は、木に背中をつけて立つ一人の股に先頭が頭を突っ込み、残りは前の人のお尻に順に頭を突っ込んでいって連結した馬を作ります。ジャンケンに勝った攻める側は、一人ずつその馬へ走っていき、跳び箱を跳ぶ要領で勢いよくどんどん跳び乗っていきます。その衝撃に耐えかねて馬がつぶれてしまえば、「おつぶれ」といって守る側の負けとなり、再

今では絶滅してしまった遊び「馬のり」

び馬にならなければなりません。全員に乗られても馬が頑張ってつぶれなければ、攻める側の最初に跳び乗った人と守る側の木を背に立っている人がジャンケンをして、守る側が勝てば今度は馬に跳び乗っていく側になれるのですが、負ければまたもや馬にならなければならないという、少々過酷なルールの遊びでした。

この遊びをやったことがない現代の大学生にこれを説明すると、「そんな危ないことをして、死人が出なかったんですか?」とか、「友達のケツに頭を突っ込むなんて…臭くなかったですか?」とかと、皆一様に信じられないといった顔をします。実際、あるときに大ケガが起こって以来、この遊びは禁止されたそうですから、確かに危険な遊びであったといえるでしょう。また、現在より社会全体が貧しかった頃ですから、何日も同じ服を着ている友達もいたりして、そんな子はちょっと臭かったような記憶もあります。それでもとにかく面白かったので、男の子も女の子も夢中になってやったものでした。

2　子どもたちはなぜ「馬のり」をしたのか？

このような遊びを盛んにしていた時代の子どもたちは、間違いなく、今よりも跳び箱を跳べない子は少なかったはずです。なぜならば、この馬のりという遊びのなかには、助走から踏み切り、そして馬の背中についた腕を支えにして身体を移動させるなど、跳び箱を跳ぶのに必要なさまざまな動きが含まれているため、そういった経験を遊びのなかで自然に身につけることができた当時の子どもたちは、それを使って跳び箱を跳ぶことができたと思われるからです。

80年代半ばを境にして、子どもたちの体力・運動能力は大きく低下しましたが、それはこの時期に、放課後の外遊びの時間が半減するとともに、ゲームの登場によって遊びが動かない遊びに変化したことが主な理由と考えられます。つまり、遊びの量的な減少と質的な変化とが掛け合わさって身体を動かさなくなった必然的な帰結として、子どもたちの体力・運動能力は低下したわけです。逆にいえば、かつての子どもたちの体力・運動能力が高かったのは、馬のりのような遊びをたくさんしていたからということになります。

けれども、当たり前のことですが、子どもたちは体力や運動能力を高めるために馬のりをしていたわけではありません。体力や運動能力は、夢中になって遊んだ結果ではあっても、それを身につけることは子どもたちにとって目的ではなかったことは間違いありません。では、子どもたちはなぜ馬のりを、そしてそのほかの遊びをしていたのでしょうか？

3 「プレイ論」が教えてくれること

この問いに答えることはそれほど難しくないと思います。馬のりに限らず、誰でも何かしらの遊びに夢中になった経験がありますから、なぜそれをしたかを問われれば、「面白かったから」「楽しかったから」と答えられるからです。しかしここではそこのところを、人間と遊びとの関係を探求した「プレイ論」と呼ばれる一連の研究を手がかりにして、もう少し学問的に考えてみたいと思います。

なお、プレイ論の対象は、人間が生み出し継承してきた遊び（プレイ）のすべてですが、鬼ごっこや馬のりのような運動遊びも制度化されたスポーツ種目も、身体を大きく動かして行う遊び（プレイ）として理解することができます。

プレイ論を代表する文化史家のヨハン・ホイジンガは、「遊びは遊び以外の何ものかのために行われる」というそれまでの伝統的解釈に疑問を提示して、遊びとは何かのためではなく、遊びにある面白さを求めて行われる活動であると述べています（ホイジンガ 1973：16−21）。つまり、人間は面白いから遊ぶのであって、遊ぶこと自体が目的になっているということです。これを根拠に、なぜ馬のりをしていたのかという先の問いに答えるならば、馬のり自体が目的、すなわち子どもたちは馬のりがしたいからしていた、ということになります。

これは、運動を教える際に極めて重要な認識になると思います。というのも、運動を指導する目的として、体力や運動能力を高めるためとか、根性をつけるためとか、礼儀正しくなるためとかといったことを強調する指導者は少なくないのですが、これは運動を行う当の子どもたちからすれば、全くピント外れの目標設定になっていることに気づかされるからです。

このズレが、さまざまな問題を生むであろうことは容易に予測されます。本書は「子どもがやる気になるスポーツ指導」がタイトルですが、人間と運動との本来の関係からズレた運動のさせ方は、「やる気になる」ことの対極にあるといわざるをえません。

4 「面白さ」について

もう一つ、プレイ論から得られる有益な示唆は、遊びの「面白さ」に関する見解です。ホイジンガは、遊びの本質をそれぞれの遊びに固有の「面白さ」に求めていて、人を遊びに夢中にさせる力をそこに見いだしています。それがあるからこそ遊びは、私たちにとって自ら進んでやろうとする行為となり、それ自体を行うことが目的となるわけです。

ここでの「面白さ」の解釈には少し注意が必要です。なぜ遊ぶのかを問われれば、私たちはすぐに「面白いから」「楽しいから」と答えるわけですが、そこでいう「面白さ」や「楽しさ」は、個人的な感情や情緒の次元のものとして捉えられます。たとえば、同じ馬のりをしても、「相手の馬をつぶすのが面白かった」という子もいれば、「相手が乗ってくる瞬間に馬の高さを急に変え、馬から相手を落とす作戦が面白かった」という子もいるように、です。

しかしホイジンガのいう「面白さ」とは、それぞれの遊びにある固有のものですから、馬のりならば冒頭に紹介したようなルールでどう展開していくのかわからない攻防そのものに面白さがあるのであって、その固有の「面白さ」に向かって遊ぶなかで、「馬をつぶす」とか「相手を落とす」とかといった面白さは個々に派生してくる感情と考えられます。

5　プレイとして運動を教える指導

ここからは、これまでに紹介したプレイ論の見解に基づいて、「子どもがやる気になるスポーツ指導」を、プレイとして運動を教えるという方向で考えてみましょう。さまざまな運動の経験が子どもにとってプレイになるためには、その運動に固有の「面白さ」に子どもが向かうように導かねばなりません。したがって大切なことは、そこで教える運動に固有の「面白さ」を指導者がいかに捉えるか、ということになります。

ところが、ホイジンガ自身が「遊びの『面白さ』は、どんな分析もどんな論理的解釈も受けつけない」とし、「面白さとは、それ以上根源的な観念に還元させることができないもの」と述べているように、各々の運動に固有の「面白さ」を捉えることは実は簡単なことではないようです。ただし、遊びがそれを行う遊び手＝プレイヤーと、その遊び＝プレイの仕方との間に創られる経験であることをおさえるならば、多くの人々を共通に魅了する固有の「面白さ」は、それぞれの運動の仕方の違いのなかにおおよそ見えてくるものです。

話をボールゲームに焦点化してみます。ボールゲーム全般は、チームないし個人やペアである他者に挑戦し、ボールを媒介にして攻め守ることで勝敗を競い合うところに面白さがあると考えられますが、いうまでもなく、その攻め守る仕方の違いのなかに、各々の種目に固有の「面白さ」を見いだすことができます。

たとえばバレーボールの「面白さ」を突き詰めて考えてみると、ネットを挟んで双方のチームが完全に分離されているため、自陣コート内では相手にじゃまされないという特徴を利用しながら攻撃を組み立て、相手に返せないようなボールを手で打って相手コートへ送り、相手がそれを返せないときに得点になるという形で勝敗を競い合うところにあります。もっと簡単にいうと、バレーボールの「面白さ」は、ネットを挟んで「返せるか―返せないか」という攻防を繰り広げるところにあるのです。

このように考えると、体育の授業の最初でよく見られる「ラリーが続くゲームをしよう」という学習のねらいは、子どもにとってバレーボールの「面白さ」に向かうプレイを導かないことがわかるはずです。「返せるか―返せないか」という攻防に「面白さ」があるのに、「ラリーが続くゲームをしよう」としたら、返しやすいボールをお互いに送り合う、いわば八百長をしないと、この学習のねらいは達成できないからです。

6　本物×偽物論を巡って

それでは、どうやってバレーボールを指導したらよいのでしょうか？　現実には、最初にパスやレシーブ、サーブの基礎練習をやらせて、それらの技術を身につけてからゲームをするという指導をしてしまう人は少なくありません。しかしそれは、子どもたちからすると当然、魅力に乏しい運動の経験になりがちです。子どもたちが目的とするバレーボールというプレイは、「返せるか―返せないか」という攻防に「面白さ」があるゲームであって、技術の練習ではないからです。

そこで、誰もが今もっている力でバレーボールの「面白さ」を学習するために、公式ルールを絶対視しないルールの工夫を指導のなかに盛り込んでみます。具体例の一つを紹介すると、ボール扱いもままならない初期段階では、サーブが届く位置までコートに入ってサーブするとか、相手のサーブやスパイクに対してはワンバウンドしてからのレシーブもOKにするとかといったルールです。これであれば「返せるか―返せないか」という攻防の「面白さ」を最初から学べるルールとして有効な場合が多いといえます。そしてそれよりも後の段階では、味方同士が連携して攻撃を組み立てやすくなる触球回数の制限緩和や、レシーブされたボールをセッター役が一瞬だけキャッチしてもOKというルールが、その時点で「返せるか―返せないか」という「面白さ」を学ぶうえで有効に機能します。

バレーボールの専門家と呼ばれるような人には、こういったルールで行うことを「偽物」として嫌う方々がおられます。そういった人にとっての本物とは、もちろん公式ルールで行うことなのですが、その公式ルールも決して固定されたものではなく、いろいろと変わってきているのです。もはや伝説となった64年の東京オリンピックや72年のミュンヘン・オリンピックで日本のバレーボールチームが金メダルを獲得したときの映像を見ると、ブロックタッチが1回の触球にカウントされていますから、この当時のルールからすると、現在の公式ルールでの触球数の制限は3回ではなくて4回ということになります。

こういった個々のルールが多少変わっても、かつても今も不変なのは「返せるか―返せないか」という攻防です。そういった意味では、子どもの実態に応じて4回あるいは5回以内に返すことにするなどの触球回数の制限が緩和されたゲームは、「偽物」と断罪されるどころか、むしろ、どんな競技レベルにも共通するバレーボールの本質（それがまさにプレイ論がいう「面白さ」）を子どもに伝えようとしている、すなわち「本物」のバレーボールを教えようとしている指導の工夫として理解されるべきだと思います。

7　まとめにかえて――侍ハードラーからのメッセージ

このように、固有の「面白さ」を視点にして考えると、子どもたちが公園でやる三角ベースの野球も、メジャーリーグでイチロー選手や田中将大投手が挑戦している野球も、その本質（＝面白さ）は同じで、それをいかにしてそれぞれの子どもの状況に応じて指導できるかが、「子どもがやる気になるスポーツ指導」を考えるポイントといえるのではないでしょうか。

それでも指導者のなかには、自らが指導する運動種目を「遊び」や「面白さ」といった概念で捉えることを嫌う方も少なくありません。かつて、侍《さむらい》ハードラーとして世界に名を馳《は》せた為末大《ためすえだい》さんは、人はなぜスポーツをするのかに関心をもったときに、シンプルに「楽しいから」という答えを見つけた本として、本稿で依拠してきたホイジンガの代表的な著作『ホモ・ルーデンス』を挙げ、「思い出す本、忘れない本」として語っています（星野 2012）。

そのなかで為末さんは、「日本のスポーツ観は、すぐ健全な心身の発育という話になっちゃう。しょせん遊びだなんて言おうものなら、いろんなところから怒られそうです」とも言っています。ここには、これからの運動・スポーツ指導を担っていく皆さんに考えてほしい大切なメッセージが込められているように思うのですが、いかがでしょうか？

引用・参考文献
ホイジンガ著、高橋英夫訳（1973）『ホモ・ルーデンス』中央公論社
星野 学構成（2012）「「スポーツは遊び」肯定　ホモ・ルーデンス」『朝日新聞』２０１２年7月22日付

KEY WORD
社会学

第4章

子どものやる気を引き出すスポーツ社会学

岡山大学 学術研究院教育学域 准教授
原《はら》 祐一《ゆういち》

岡山大学 学術研究院教育学域 教授（特任）
大倉《おおくら》 尚志《ひさし》

1 プロローグ

小学生の児童Aは、休み時間も体育の授業でも運動をしない。そんなAの口癖は、「危ない、危ない」「どうせできないし」「服が汚れるとお母さんに怒られるよ」である。一方で、スポーツ少年団にも熱心に参加しているスポーツ好きの児童B。身体を動かすのは好きだが、Bの口癖は「負けたのはお前のせいじゃ」「なんでそんなこともできんのじゃ」で、すぐ物にあたり、活動が続かない。

特徴的なAとB。スポーツ社会学の見方からすれば、このような児童を目の前にしたときに、それを個人の問題として捉えるのではなく、その原因は社会関係のなかにあると捉えるのが基本的なスタンスです。では、このようなAとBの問題を、いかなる視点から認識すればよいのでしょうか？　スポーツを本質的に捉え直すことから、AとBが成長していく物語へと歩みを進めてみましょう。

2　遊び論から捉えたスポーツ

スポーツ社会学では、古くから「スポーツは遊びである」と捉えられてきました。ホイジンガ（1963）やカイヨワ（1990）の「遊び論」をベースに、〝play〟の大切さとその原理について研究を重ねてきたのです。しかしながら、私たちが「サッカーをする」ことを英語で〝play soccer〟というにもかかわらず、一般的に「スポーツは遊びだ」と言うと、反発されることのほうが多いといえます。スポーツに熱心に取り組んでいる（コーチや保護者を含む）人ほど、「遊

スポーツでいう “play” とは、目の前にある課題に向かってワクワク活動していること、つまり挑戦を指す。

び」という言葉が「ふざけている」「勝手気ままにやっている」などのイメージと結びつきやすいからでしょう。そこで、この「遊び」をもう少し異なった形で理解してみましょう。

スポーツでいう〝play〟とは、勝手気ままにしていることではなく、目の前にある課題に向かって「ワクワク」しながら活動している＝挑戦していることを指しています。では、なぜplayは「ワクワク」するのでしょうか。それは、現実主義的で「〇〇なことができなければならない」といった日常世界から、「○○なことができるかな？」といったあえてそういった課題を設定する非日常世界へと、プレーヤーの意味世界が変容するからです。つまり、スポーツをプレイしようと思うと、「これは遊びだ」というメタ・メッセージを受け取ることができなければ遊べないのです[1]。

では、メタ・メッセージとしての「遊び」は、いかに定義できるのでしょうか。カイヨワの議論を借りれば、以下のようになります。

①**自由な活動**…コーチや保護者にプレイが強制されないことであり、自発的な参加が基本であること。

②**隔離された活動**…明確な空間と時間の範囲内でプレイされることであり、日常とは区別されること。

③**未確定な活動**…ゲーム展開や結果はわからず、創意工夫が生み出される余地を残し続けていること。そして未来（生涯）にひらかれていること。

④**非生産的活動**…その活動が財産や富を生み出さないことであり、何かを買ってもらう（報酬をもらう）ために頑張るものではないこと。

⑤ **規則のある活動**…スポーツのルールはそのゲームを楽しくするために共有されるものであり、その規則やルールに対して自発的に従うこと。

⑥ **虚構の活動**…電車に乗り遅れないために走るというような、日常生活で行われる運動とは異なり、「どちらが速いか」をあえて競争するなかで、非現実的な意識を伴っていること。

この定義を聞くと、「ドキッ」とされる指導者も多いのではないでしょうか（いや、むしろドキッとしていただきたいと思います。プレイするのは子どもですから）。

以上のことから、AもBも「遊びとしてのスポーツ」が認識できないまま育ってきたことがよくわかります。

常に「自由になれないA」と、「スポーツ少年団で強制された活動ばかりしているB」。どちらにも、豊かなスポーツライフをおくってもらいたいものですが、それが一筋縄にはいかないことは読者の皆さんも容易に想像できるはずです。

ところが、このように遊びの定義からAとBの問題を捉えてみることは、アプローチの可能性を広げることにつながります。

3　遊びの三条件の確認とアプローチ

Aに「できると楽しいよ」と誘いかける友達や大人。しかし、その言葉の裏には「できないと楽しくないよ」というメッセージが隠されている。Aはやっぱり走り幅跳びをしようとはしない。

そこへやってきたO先生。「できるかできないかがわからないから楽しいんだよ」と自らが泥んこになりながら、いろいろな跳び方で本気になってチャレンジし続ける。周りの子どもたちも面白がって一緒に転げ回っている。次の瞬間、Aが動き出す。

Aのような子どもに対して、周りはよかれと思ってさまざまな言葉を掛けます。しかしその言葉には、裏側のメッセージも潜んでいることを自覚したほうがよいといえます。(2) スポーツを好んで行っていることと、ちゃんと「スポーツに遊ぶ」ことへといざなうのとは別問題なのです。では、O先生のアプローチは、友達や大人とは何が違ったのでしょうか。

遊びを現象学的に捉えた西村（1989）は、遊びには「遊郭・遊動・遊戯関係」という三つの条件がそろわなければならないと指摘しています。先の例を用いて簡単に説明すると、「遊郭」とは「できる—できない」という二つの状態の間を指します。そして「遊動」とは「できる—できない」の間を揺れ動き、往復運動が起こっている状態のことを指します。

このことからAのみならずBにも、勝敗は「勝つか負けるかわからない」からこそ面白いこと（遊郭と遊動が必ずある状態）を伝えていくことになるでしょう。つまり、「できる・できない」「勝った・負けた」という結果の概念ではなく、「『できるかな、できないかな』がわからない」というプロセスの概念として、AやBの認識を変えなければならないのです。

その際にコーチや保護者、チームメートから「何をしているんだ」「なぜできないんだ」と叱責されたりバカにされたりすれば、結局は「できないからつまらない、やらない」となってしまいます。そうではなく、Aに対しては、失敗したとしても何回でもチャレンジすること自体が楽しいものなのだと、プレイ空間のなかで徐々に巻き込みながら伝えていくしかありません。つまり、当の本人の「姿や思い」に共感しつつ、「遊びなんだ」という遊戯関係が成立するように関わることからがスタートなのです。

チーム全員で挑戦課題に向かうためにはまず、それぞれがチーム内でどのように役割を遂行すればよいのかを実感させることから始まる。

4　ゲームというコトの意味とアプローチ

暴言を吐いて、友達からは信頼されず、大人からは叱られ続けているBにO先生が話しかける。
O先生「そりゃあ勝ちたいよね。ところで、バレーボールってどんなコトに挑戦するの？」
B「…勝つ」
O先生「どうやったら勝てるの？」
B「…頑張る」
実は、バレーボールというゲームは競争であること以上に、どんな出来事＝コトに挑戦すればよいのかがわかっていないB。
O先生「どうすれば点が決まる？」
B「床にボールが落ちたらやん。簡単やろ」
O先生「じゃあ、床にボールを落とさないためには、どうすればいいの？」
B「みんなで協力することやろ」
O先生「そうだよね。じゃあどうやったら落とさないで済むか、相手コートに落とせるか、チームのみんなでいろいろ試してごらん」

スポーツが競争であることは、誰に聞いてもよく理解されています。しかし、どんな出来事として意味を共有し、何を競い合っているのかは、十分に理解されていない節があります。それは、スポーツをしているプレーヤーを、動きや技術といった客観的な視点から、分析的に捉えていることに起因しています。

コーチングの際、指導者は第三者的な視点からプレーヤーの動きを「見る」ことになります。ところが、目の前に立っているプレーヤーは主観的な視点で世界をみていて、「こんなことができるかどうか」というスポーツがもつ課題に向き合っている状態のはずです。優れた指導者はこのプレーヤーに共感し、彼・彼女のなかで何が起こっているのかを理解しようとするものです。しかし、多くの場合は外側から動きを捉えて、結局は「できた・できなかった」に終始してしまい、その評価の仕方を子どもたちがまねしていくという悪循環が起こっています。

ところが、プレーヤーの視点に立って主観的にそのスポーツを捉えようとしても、なかなかうまくいきません。そこでO先生は、バレーボールというゲームを現象学的に捉えた知見（原・三村 2014）を活用して、「ボールを落とさないコトができるか」「攻撃を組み立てるコトができるか」「相手コートに落とすコトができるか」と捉えています。プレーヤーが具体的に「どのようなこと（課題）」に夢中になるのかを、意味のレベルから捉え、プレーヤーの立場を大切にするために、バレーボールを「こんなことができるかな（挑戦）」と捉えて伝えようとしています。そして、ボールゲームの特徴でもある、チーム全員で挑戦課題に対して試行錯誤していくことの面白さをBに考えさせたわけです。

スポーツをする際には、行為の意味を理解し共有することで、プレーヤーにはどこまでも追求できる可能性がひらかれます。今もっている力でスタートし、試行錯誤を続ける楽しさを味わうことができるようにすることが必要なのです。

5　スポーツにおける役割取得とアプローチ

みんながスポーツをしている場になんとなく参加するようになったA。しかしボール操作が苦手で、積極的には動かない。そこへO先生が来て、「みんな、タッチフットボール(3)っていうゲームがあるんだけど一緒にやらない？」と声を掛ける。ルールの理解と「チームで作戦を練って、決められた回数内にボールをタッチラインまで運ぶことができるか」という挑戦課題を共有して、ゲームを展開。

案の定、苦手なAはなんとなく走っているだけ。そのAにディフェンスが気を取られた瞬間、ボールを持っていた仲間が走り抜けてタッチダウン。すかさずO先生はAに「すごいね。そこに走っていたからディフェンスが気を取られたんだね。ボールを持っていなくても、すごく大切な役割だったね」。

タッチダウンを決めた子がAとハイタッチ。その後、Aはディフェンスをブロックするなどしながら、味方を生かすプレイにはまっていく。

ゲームをするなかで、なんとなくしか動けない子どもは多いものです。もちろん、そういう子ほど技能レベルは高くありません。けれども、ゲームがもっと面白くなるように仕掛けることは可能です。O先生は、チームでボールを前に運ぶ際に、作戦によって「役割」がはっきりと理解しやすい運動を導入することで、ゲームに参加する全員に役割があることを理解させたのです。

褒められた際、Aは意図的にそのプレイを行っていたわけではありませんでした。もちろん子どもたちも、ボールを持っている人が「偉い」という認識です。ところが、どんなゲームでも多くの子どもはボールを持っていません。そこで指導者が、ボールウオッチャーになることなく、ボールを持たずに動いているプレーヤーの役割をきちんと気づかせたわけです。

ミード（1974）は、私たちが他者と相互作用する際に、「役割取得」をすることの重要性を指摘しています。他者と相互作用するためには、他者がどのような役割を期待しており、自らはどのような役割を演じればよいのかを理解していく必要があるのです。ゲーム中に自らの役割がわかっていなければ、ゲームに参加することはできません。チーム全員で挑戦課題に向かうためには、それぞれがチーム内でどのように役割を遂行すればよいのかを実感させることから、意図的なプレイができるようにフォローすることへ展開していくことが指導ポイントになるのです。

6　エピローグ

一口にスポーツを〝play〟するといっても、実はさまざまな要素が絡み合って初めて遊んでいる状態になります。今回はAとBが遊びの条件を理解し、ゲームの意味を知り、そして役割を取得していくことで、スポーツに対して「やる気」になっていくエピソードをご紹介しました。いずれにしても、スポーツを遊びとして捉え、スポーツに遊べるように関わっていくことが必要なのです。

もちろん、勝利を目指してうまくなっていくことも重要ではありますが、その手前で「遊び」としてのフレームをメタ・メッセージとして受け取れるように、社会関係を変えていく必要があると思われます。「できそうでできないのが面白い」というのは、「もっともっと」だけよりも、子どもにとって魅力的なものになっているのではないでしょうか。そのための方法、つまり「やる気スイッチ」の入れ方は、それこそ試行錯誤し続けなければなりません。子どもによってそのスイッチは異なるのですから。

注

（1）日常生活は「できなければ困る」が、非日常世界は「できなくても困らないが楽しい」が原則です。

（2）「できると楽しい」の裏側に潜むメッセージは「できないとつまらない」であり、苦手な子ほど言われたくないメッセージになってしまいます。

（3）タッチフットボールとは、アメリカンフットボールの簡易版で、「決められた回数で、いかに作戦を立ててボールをタッチラインまで運べるか」を競うゲームです。

引用・参考文献

ヨハン・ホイジンガ著、高橋英夫訳（1963）『ホモ・ルーデンス』中央公論社
ロジェ・カイヨワ著、多田道太郎・塚崎幹夫訳（1990）『遊びと人間』講談社
西村清和（1989）『遊びの現象学』勁草書房
原祐一・三村忠（2014）「ぼっけぇおもしろい岡山の取り組みと挑戦」『体育科教育』62巻4号、大修館書店、50-53頁
G・H・ミード著、稲葉三千男・滝沢正樹訳（1974）『現代社会学体系10　精神・自我・社会』青木書店

KEY WORD
根性論

第5章

「スポ根」再考
――根性論で子ども・選手のやる気は引き出せるのか?

関東学院大学 経営学部 准教授
岡部《おかべ》 祐介《ゆうすけ》

1 スポーツで勝つには「根性」が必要?

リオデジャネイロで開催されたオリンピック・パラリンピックで多くの日本代表選手の活躍が取り上げられ、私たちに感動を届けてくれたことは記憶に新しいことと思います。そして2020年に開催される東京大会に向け、スポーツ界には一層注目が集まっています。競技スポーツに取り組む子どもたちや保護者、指導者にとって、身近に捉えることができる大きな目標として、期待も高まっているのではないでしょうか。

日本ではかつて、1964年に東京オリンピックが開催され、多くの人々が競技を観戦し、日本代表選手の活躍に熱狂したといわれています。その年の前後には「競技で勝つため、優れたパフォーマンスを発揮するためには、何よりも根性が必要である」という〝スポーツ根性論〟が流行し、スポーツ界のみならず広く社会に影響を及ぼしたとされます。

今でも子どもからトップ選手まで、競技レベルに関係なく「勝てないのは根性がないからだ」「もっと根性を見せろ」と声を掛ける保護者や指導者もいることと思います。他方、「根性は過去の遺物」「根性だけでは勝てない」として、スポーツ科学の知見を応用した合理的な指導が大切だと考える人もいるでしょう。

果たして、スポーツで勝つために根性は必要なのでしょうか。また、根性論で子どもたちはやる気になるのでしょうか。本章では、歴史を少し振り返りながらスポーツ根性論、いわゆる「スポ根」について改めて考えてみます。

2 「スポーツ根性（論）」の成立と流行のプロセス

そもそも、根性論とはいかなるものなのでしょうか。筆者が講義のなかで学生に「根性という言葉の意味がわかりますか？　また、どのようなイメージをもっていますか？」と質問すると、大抵の学生が「ハングリー精神」「忍耐」「諦めないこと」などと答えます。加えて、「昭和」「スパルタ式」「熱血、アツい」「理不尽」といった印象について回答することも多く、根性は彼らにとって前時代的なものであり、どこか冷めた捉え方がなされているようです。

根性とは、苦しみに耐え抜いて努力する精神力のことを意味しており、現在もスポーツ現場はもちろん日常的に使用されている言葉です。しかし、もともと仏教用語に由来するこの言葉は、人間の生まれもった根本的な性質のこととして使われてきました。それが現在の一般的な意味で使用するように変わったのですが、その大きなきっかけとなったのが、冒頭で述べた64年の東京オリンピックだったのです。その理由として、根性は東京オリンピックに向けて競技者が身につけるべき資質の一つであり、養成・強化すべき対象とされたことが挙げられます。

東京オリンピックに向けて組織された、選手強化対策本部のスポーツ科学研究委員会心理部会では、根性を「高い目標意識をもち、その目標達成のために精神を集中し、それを持続する強烈な勝利への意志」と定義しました。発足当初の選手強化本部長を務め、選手の根性づくりを推進した大島鎌吉氏は、根性を形成するものとして以下の項目を挙げています（大島 1965）。

・計画性、科学性（研究心）、創造性（創意）
・自主性、規律性、責任感
・意欲の強さ、敵がい心、勝利に対する意欲（執着）
・自信

右記のように、明示されたことに対して自分を律することができる選手が理想とされ、困難な課題に対する挑戦の末に勝ち取る自信や克己心《こっきしん》、同時に新たに編み出される技術が選手の根性を向上させると、大島氏は考えました。

　また、女子バレーボールの「東洋の魔女」を率いた大松博文氏の指導論が、世界選手権および東京オリンピックで優勝したことによって説得力を帯び、当時の人々の生き方の指針、役に立つ思想として取り上げられました。

「責め立てる」根性論では、子どもや選手のやる気を引き出すことはできない。自主的に追求するうえでの根性であれば、現代においても否定されるものではない。

　「鬼の大松」と呼ばれ、シゴキともいえる彼のスパルタ的な指導に対して、当初、チームの母体であった大日本紡績（現ユニチカ㈱）の社員をはじめ周囲からは苦情が殺到したといいます。それにもかかわらず、大松氏の著書『おれについてこい！』（1963年）がベストセラーを記録したことに見られるように、「大松イズム」と呼ばれた彼の指導論やその考えは、選手だけでなく社会一般に影響を及ぼしたといえます。

　このように、東京オリンピックをきっかけとして成立した根性は、トップスポーツのみならず、学校教育や社会教育の場でも取り上げられました。1960年代当初は、若者の向上意欲の低下や目標の不在が挙げられ、経済界をはじめとした社会的側面では、根性を仕事への意欲のこととし、社会の要請や期待に応え、社会が掲げる目標を自己の目標とする態度をつくると考えました。

企業では激しい競争に勝ち抜いていくため、将来有望な社員を集めて「サラリーマン根性づくり」が行われ、自衛隊員に指導を受けながら体操やマラソン、座禅が行われました。また教育界においても根性が取り上げられ、受験や進学一辺倒の教育の在り方が見直され、各教科以外の生活指導も含め、学校を挙げた取り組みが展開されました。このように根性は、スポーツ界を超えて広く流行していきました。

なお、東京オリンピック以降、『巨人の星』や『アタック№1』といった漫画やアニメ、流行歌など、大衆文化において根性（いわゆる「スポ根もの」）が取り上げられたこともまた、当時の社会に根性が受け入れられた要因として考えられます。

3 「スポ根」を笑う時代の到来

根性が東京オリンピックの影響を受けて各方面で取り上げられた一方で、その弊害も指摘されるようになります。1960年代後半には、スポーツ場面で死に至る事件が相次いで起こり、これらを受けてスポーツ（指導）の在り方に批判的な意見が出されました。一連の批判のなかで根性は、どんなに苦しく不合理なことでも指導者や先輩など目上の者に従い、じっと耐え忍び、頑張ることのできる精神力と捉えられ、勝利を唯一無二の目的とすることから必然的に要求されるもの、と考えられました。耐え忍ぶ精神力としての根性は、何がなんでも勝とうとする、勝たせようとする勝利への執着そのものを美化してしまいました。「勝てないのは根性がないからである」という理屈が成立し、シゴキや体罰・暴力を伴った指導へとゆがんでいってしまったといえます。

1980年代以降、根性論はその様相を変えていきました。競技において、根性だけでは勝てない、ハードトレーニングで身体を壊してまで記録や勝利を目指すスポーツの在り方とは決別すべき、という意見が多く見られるようになります。そこでは根性が科学と対照的に捉えられ、非合理的な根性論よりも科学的な根拠に基づいたトレーニング理論を求める風潮が見られます。確かに、昔は「練習中に水を飲むな」といわれていたのが、現在では水分補給の重要性が説かれていますし、「昔はうさぎ跳びをやらされた」と年配の方から話を聞くことがありますが、現在では目にすることはありません。スポーツ科学の知見が実践に生かされるようになった一方で、根性論は過去の遺物として見られるようになりました。

また、東京オリンピック後に流行し、根性論の定着を後押ししたと考えられたスポ根漫画やアニメもまた、80年代を過ぎるとその方向性に変化が表れ始めたことが確認できます。ひとときのブームを見せたいわゆる「スポ根もの」は、その熱血ぶりが笑われる時代となり、衰退を余儀なくされたといえるでしょう。

4　それでもなお、根性は必要？

現在でもスポーツ（指導）の現場では、「勝てないのは、厳しい練習に耐えられないのは、根性がないから」「途中で諦めてしまうのは、頑張りや忍耐力が足りないから」という話を耳にすることがあります。そして「結局、今の子どもたち、選手たちには根性がないから競技力が向上しない」「昔の選手のほうが強かった」とまで言われる始末。しかし、本当にそうなのでしょうか。

高度経済成長期に根性論が社会的に流行し、スポーツだけでなく「みんなが頑張った」時代はそれでよかったのかもしれません。しかし、その成功体験が現代のスポーツ（指導）のすべての現場で有効に働くわけではありません。ものの見方・考え方や価値観が多様化している現代社会では、「スポ根」一辺倒で指導することには無理があります。それに、60年代と現在とでは、当たり前のように社会状況や子どもたちの実態は異なっており、昔と今とを比較してどちらがよい・悪いということではないと思います。

「根性を見せろ」や「頑張れ」と言うだけで、できない（勝てない）子ども・選手を叱ったり、手を上げたりすることは、自らの指導力のなさをごまかしているだけで、双方の成長が阻害されてしまうことになります。スポーツ科学の成果に基づいたトレーニングや指導を行うにしても、子ども・選手の実態を考慮し、理解可能な形で科学知を伝えなければ、科学性や合理性というもっともな理由で煙に巻き、結局、子ども・選手の主体性を無視した指導になりかねません。

そもそも、64年の東京オリンピックをきっかけに成立した根性とは、勝利追求・目標達成のために、困難に屈することなく耐え忍び、努力を継続する強い意志のことを指し、選手や実践者の自主性、主体性が前提とされていたはずです。押しつけたり強要したりせず、子どもや選手が自主的に追求するうえでの根性であれば、現代においても否定されるものではないといえるでしょう。

根性論の流行に影響を与えた大松氏についても、「選手に猛練習を課した鬼の大松」という表層的な理解にとどめるのではなく、彼の指導哲学のエッセンスを現代の視点から深く追究してみると、スポーツ指導における根性論の有用性（アクチュアリティ）を考えるヒントがあるように思います。大松氏が残した著書を注意深く読んでみると、選手の自己教育・自己形成といった側面を重視し、主体的なハードトレーニング・自己鍛錬が強調されていました。「大松イズム」とは選手一人ひとりの特性を把握し、それぞれに合った指導方法を考え、「率先垂範《そっせんすいはん》」を念頭に置き、常に選手とともに実践することにあったと考えられます。

「責め立てる」根性論では、子どもや選手のやる気を引き出すことはできないでしょう。また、そのような根性ならば必要ないと考えます。今、目の前にいる子ども・選手の実態や特性を理解して、どうすれば勝てるのか、うまくできるようになるのかを一緒に考え、実践していくことが肝要です。スポーツ科学の知見を理解可能な形で伝えることや、感情に訴えて奮起を促すことが必要なケースもあるでしょう。その時々に応じて、子ども・選手たちが主体的に頑張ることができる機会をつくることが大切だと思います。

5 「根性」だけではない「多様性」の追求

根性や頑張れといったマジックワードで、子どもや選手を奮い立たせるのには限界があります。何よりも、困難を乗り越える意志や精神力とは、他者から強制されたり押しつけられたりして身につくものではありません。指導者や保護者が根性の捉え方を現代の状況に合わせて変えていく必要があると筆者は考えます。

ただ困難に耐え、諦めずに取り組むということではなく、周囲の環境や状況の変化に対応すること、その時々に応じて自分を変えていくこと、律することの難しさを受け入れて取り組むことが重要です。また、諦めること＝根性ナシと捉えるのではなく、場合によっては積極的に捉え、別の物事に取り組むことを認めてあげてもよいと思います。子どもや選手の多様性を受け入れていくことが大切なのではないでしょうか。

引用・参考文献

大松博文（1964）『なせば成る！ 続・おれについてこい』講談社

岡部祐介（2016）「運動部活動とスポーツ根性論」友添秀則編著『運動部活動の理論と実践』大修館書店、48-57頁

大島鎌吉（1965）「根性物語 貧しさの中に育つ」『毎日グラフ（別冊）12人の魔女 勝利の記録・根性物語』毎日新聞社、78頁

KEY WORD
集団（チーム）づくり

第6章

チームの成長が引き出す子どものやる気

細越《ほそごえ》 淳二《じゅんじ》
国士舘大学 文学部 教授

1 はじめに

「する」「みる」「ささえる」「知る」など、スポーツへの多様な関わり方が認められる今日、私たちは、日常的に多くのスポーツにふれることができるようになりました。テレビなどの画面には、もてる力を出し切って身体的卓越性を競い合う選手、そして彼らを取り巻く仲間やコーチなど、選手を支える人々の姿が映し出されます。素晴らしいパフォーマンスやひたむきなその姿に、私たちは多くのことを感じます。子どもたちもまた、そのような姿を目にしながら、スポーツから多くを学んでいることでしょう。

しかし、私たちはなぜ、スポーツから感動や学びを得るのでしょうか。言い換えれば、子どもたちの成長に大きな影響を与え得るこのスポーツは、一体どのような〝よさ〟をもっているのでしょうか。

2　スポーツのもつ〝よさ〟を考える

かつて高田典衛《のりえ》は、子どもたちが運動に対して抱く面白さを、「うごきづくり」「力づくり」「なかまづくり」として示しました（高田 1986 : 99-105）。子どもたちは、新しい動きの獲得に対する面白さ、自分の力の高まりに対する面白さ、集団内での役割意識に関する面白さを感じているというのです。筆者は、この高田の主張にも学びながら、また各地の先生方と共同研究を行うなかで、スポーツのもつ〝よさ〟を次のように捉えるようになりました。

①からだづくり――思いのままに動けるからだ、体力のあるからだ、健康なからだの獲得
②あたまづくり――課題解決に向けた思考・判断、既習の知識を生かした意思決定
③こころづくり――スポーツをすることによって生起する多様な気持ちや感情の経験
④なかまづくり――集団的・協同的な取り組みとその達成による集団の凝集性の向上

個人的スポーツであっても集団的スポーツであっても、子どもたちが一生懸命に取り組んだ結

果として、動ける身体が獲得され、課題解決に向けた思考・判断ができ、スポーツに関わるさまざまな感情を経験し、そしてスポーツによってよき仲間を得ることができる……。多くの指導者は、そのような成長を目指したいと考えているのではないでしょうか。また、スポーツによって自分も仲間もともに高めていくことのできるチームを育てたいと願っているのではないでしょうか。本章では、これらのスポーツのもつ〝よさ〟を念頭に置きながら、チームの成長とともに子どものやる気をどのように引き出していくか、その要点について考えてみます。

3　スポーツ指導における「三つのバランス」

では、どのようにすればそのような成果やチームの成長、子どものやる気を引き出すことができるのでしょうか。

まず、指導者としてどのようなチームを育てたいのか、その姿をイメージすることが大切です。目指したいチームのイメージに対して、現状がどの程度なのかを整理して手立てを考える

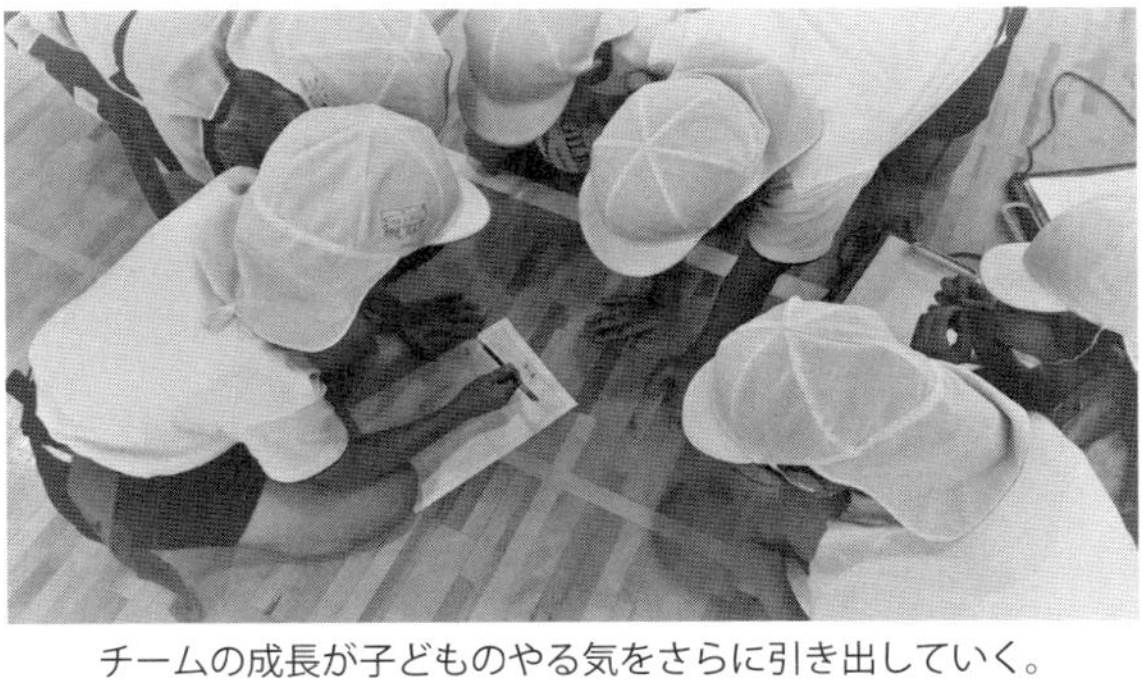

チームの成長が子どものやる気をさらに引き出していく。

ことが、指導のファーストステップとなります。そしてそのなかで、筆者は次の三つのバランスを大切にしたいと思っています。

①個と集団のバランス

成長が認められるチームには、必ず子ども一人ひとりの技術習得や状況判断の高まりといった成果が見られます。

ボールゲームのような集団的スポーツを例にしてみましょう。筆者は、子どもたちにはゲームに積極的・目的的に参加し、そのゲームを楽しむことができるようになってほしいと考えています。そのために指導者は、子どもたちの状況を把握して、チームとしての課題を示すことになります。同時に、個々の子どもが彼／彼女ら自身、そしてチームの一員として何を身につけるべきなのかについての課題（あるいはそのきっかけ）を示すことも肝要です。

ゲームの場面でいえば、いくらゲームに参加しようとしても、ボール操作ができなければ、十分ゲームに参加し、達成感とともにゲームを楽しむことは難しいでしょう。そこで、ゲーム中の集団的な課題解決を目指す時間ももちろんとりますが、同時に、個の課題解決の活動を取り入れて、個人的達成経験を得ることも大切です。

スキルレベルや学年が低い子どもたちを対象とする場合には、個々の課題だといってトレーニング的に練習を提供するよりも、シンプルで小さな単位の活動でもゲーム化する工夫を取り入れて、興味を喚起しながら子どもたちの運動遊びの世界を広げ、そしてスポーツの世界に導くことが望ましいと考えます。

ちなみに筆者は、ボールゲームの学習の柱を「意図的・選択的な判断に基づく協同的プレイの探究」とした岩田（2012：127-140）の主張に学ぶなかで、ボールゲームにおける学習内容について、集団的達成と子どもの仲間づくりを図６・１のように示したことがあります。

個々の子どもたちは、そのゲームで何が求められるのか、どのように行動するのが望ましいのかといった「戦術的気づき」を獲得します。そしてゲーム中、自分はどのように行動すればいいのかを考え、またそれがほかの仲間とどのように呼応するのかなどについて話し始めます。これが「プレイイメージの共有」です。そして、各自が分担された役割に従ってプレイし、「役割行動の達成」ができたときに集団的な課題達成が得られるというものです。チームとしての成長と子どものやる気を引き出すためには、個と集団が響き合

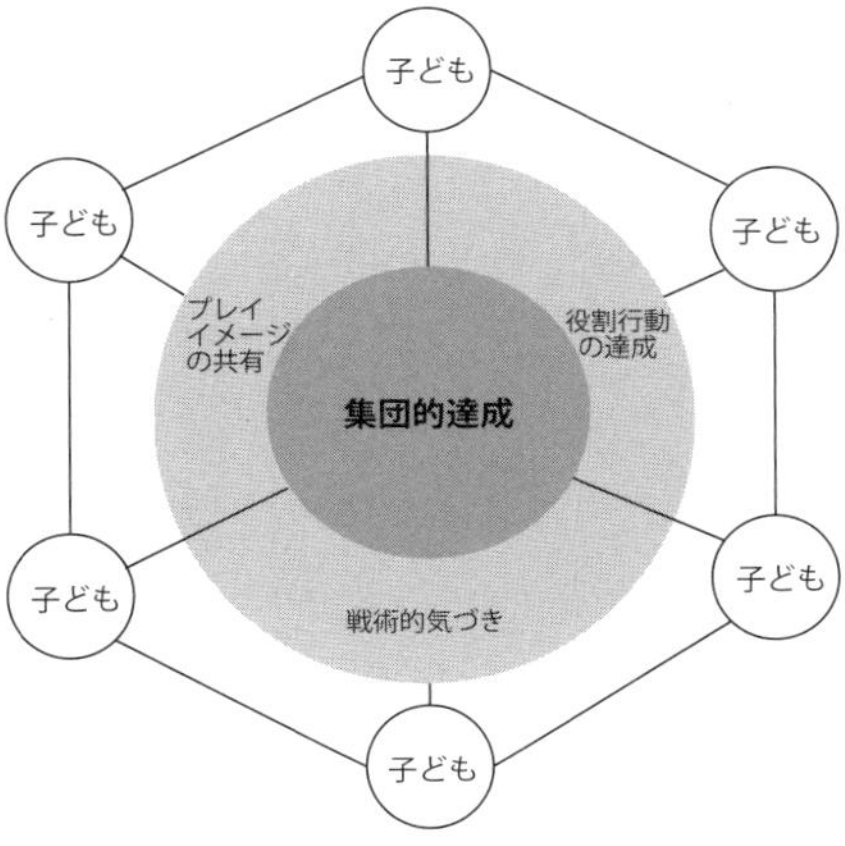

図 6.1　ボールゲームにおける集団的達成と子どもの仲間づくり

（出典）細越（2014：66）

い、集団的達成を導く活動の設定が非常に重要だといえます。

②達成と意欲のバランス

二つめのバランスは「達成と意欲のバランス」です。スポーツ指導のなかでは、「達成経験」が非常に大きなモチベーションになります。そのために子どもたちには、個人的／集団的な達成経験を十分に保障したいと思います。指導者側には、子どもたちが豊かな達成経験を得ながら課題や能力を高めていけるような課題設定や環境整備が求められます。

スポーツにおいて課題を設定する際に大切になるのが、「挑戦課題」と「達成基準」です。「何が」「どのように」できればよいかが明確な課題を、スモールステップを積み重ねるように設定して、各段階で小さな／大きな「できた！」を繰り返していくことが、子どもの意欲を増大させるポイントです。

そのために筆者は最近、子どもの達成を導くための〈小さじ一杯の工夫〉をしていくことに大きな意味があると考えています。たとえば、活動の場に目安となるラインを引くことで子どもの意識焦点を明確にしたり、実態に応じた用具を工夫することによってフィードバックを得やすくしたり、動きの改善を視覚的に導いたりするのです。また、子どもの動きに合わせて指導者がリズムを口ずさみ、動きのテンポを変えていくことも、達成を導く小さじ一杯の工夫例の一つです。難しいことではなく、普段行っている活動と、そこでの子どもの動きを見て、〝小さじ一杯〟のほんの少しの手当てをすることで、大きな成果を生むチャンスは、実践場面には意外に多く埋め込まれていると感じています。

③ 指導性と主体性のバランス

指導の過程では、指導者側から望ましい動きなどを示す場合もあれば、指導対象のレベルによっては子どもたちに考えさせ、課題達成を試みる場合もあります。これは指導者の〝指導性〟と、学ぶ子どもの〝主体性〟の問題ということができます。指導者は、常に全体の方向性や達成度についての見通しをもちますが、子どもたちの主体的な意見に耳を傾け、合意形成しながら活動を発展させていくことも、彼らの成長にとって大きな意味を生み出すことにつながります。

目指すチームの姿を子どもたちと共有して、指導すべき点は適切に指導しつつ、彼らに自由度をもたせて動きや考えるべきときには主体性を重視した働きかけができる「指導方法の選択肢」を豊富にもつことも、私たち指導者には必須の指導力だといえるでしょう。

4 おわりに

以上、スポーツがもつ〝よさ〟を確認するとともに、指導上の三つのバランスについて述べてきました。また冒頭に示した通り、子どもたちはスポーツによって技能を高めるだけでなく、「こころ」も「なかま」も得ていきます。指導者としては、スポーツの特質やそれが子どもたちにもたらす影響や効果を整理・把握するとともに、子どもたちの態度的側面の成長にも目を向け続けることが大切なのではないでしょうか。

筆者の研究テーマである「体育授業と肯定的な学級集団づくり」の範囲でいえば、図6・2にあるように、体育授業で個人的／集団的達成感を十分に保障することで、体育で培った人間関係を教室に波及させることができる。そしてその関係はまた体育の場面に返ってきて、さらに意味のある体育授業へとつながっていく（あるいは望ましい教室での人間関係がよい体育授業を創り、それが結びついていく）ということがで

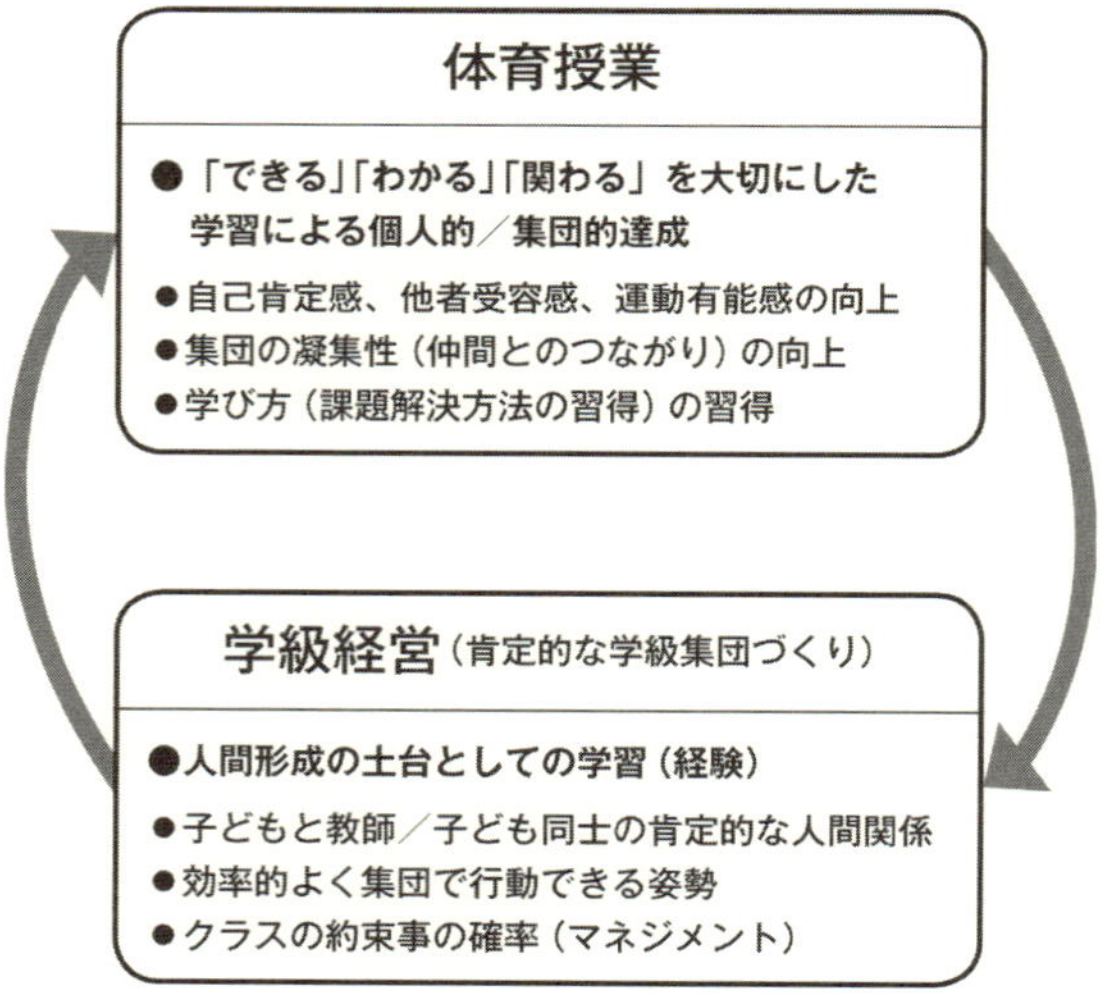

体育授業
●「できる」「わかる」「関わる」を大切にした学習による個人的／集団的達成
●自己肯定感、他者受容感、運動有能感の向上
●集団の凝集性（仲間とのつながり）の向上
●学び方（課題解決方法の習得）の習得
学級経営（肯定的な学級集団づくり）
●人間形成の土台としての学習（経験）
●子どもと教師／子ども同士の肯定的な人間関係
●効率的よく集団で行動できる姿勢
●クラスの約束事の確率（マネジメント）

図 6.2　体育授業と学級経営（肯定的な学級集団づくり）との関係についてのイメージ

（出典）細越・松井（2009：46）

きます。チームのメンバーとして子どもたちが同じ目標に向けて協同的に関わり、達成経験を重ねていくこと（目標と達成を共有すること）が、子どもたちの意欲を高めるだけでなく、学校生活や社会生活を続けていく際の人間関係構築能力の基盤形成となることを、私たち指導者は常に意識していく必要があるでしょう。子どもたちのスポーツによる健やかな成長に向けて、実践現場の声を集め、それらを生かしながら検討を続けていきたいと思います。

引用・参考文献

細越淳二・松井直樹（2009）「体育授業と学級経営の関係についてのアクション・リサーチの試み―M学級の1学期の取り組みから」『体育授業研究』12、45-55頁
細越淳二（2014）「ボールゲームにおける集団的達成と仲間づくり」『体育科教育』62（3）、66-67頁
岩田靖（2012）『体育の教材を創る』大修館書店
高田典衛（1986）『子どものための体育科教育法（12版）』大修館書店

KEY WORD
経営管理学

第7章

スポーツ組織が引き出す子どものやる気

久留米大学 人間健康学部 准教授
行實《ゆきざね》 鉄平《てっぺい》

1 はじめに

子どもたちのスポーツ活動は、学校や地域におけるさまざまな場で展開されるようになりました。具体的には、学校における運動部活動をはじめ、地域におけるスポーツ少年団や総合型地域スポーツクラブ、そして民間スポーツクラブ（スイミングクラブ、サッカークラブ、体操クラブなど）といった場を想起することができます。もちろん、放課後に学校のグラウンドや地域の空き地、路地などで自由に身体を動かして遊んでいる子どもたちもいるとは思いますが、現代においては、その多くが組織によって提供されるスポーツサービスを享受することで、さまざまな目的に応じたスポーツ活動を行っているといえるでしょう。

とくに、地域における新しいスポーツ組織の量的拡大は、子どもたちのスポーツ環境の充実という視点から勘案した場合、望ましいことのように思えます。しかし、一方で個々のスポーツ組織においては、さまざまな質的課題を抱えるようになっています。読者の皆さんもご承知のように、わが国における少子高齢化や新自由主義（経済至上主義）化する社会の到来は、たとえば、学校における運動部活動や地域におけるスポーツ少年団において、指導者の高齢化や、構成員（子どもたち）の減少によるスポーツ組織の変容（弱体化）を余儀なくさせていますし、多くの民間スポーツクラブの登場は、スポーツ組織の乱立による組織間の競争（差別化）を促しています。つまり、子どもたちにとって魅力的なスポーツの場を創造していくためには、質の高い技術指導もさることながら、同時にスポーツ組織のマネジメントを意識する視点が求められるのです。

本章では、多様化するスポーツ組織のなかでも、とくに非営利組織である学校組織や地域組織（スポーツ少年団や総合型地域スポーツクラブなど）を意識しながら、子どもをやる気にする魅力的なスポーツ組織の在り方について考えてみたいと思います。

2　スポーツ活動を誘発する三つの仕掛け

図７・１の左側にあるように、子どもたちが「豊かなスポーツライフ」を形成するようになるためには、自然発生的なスポーツ活動を期待するのではなく、ある意味スポーツ組織の積極的（意図

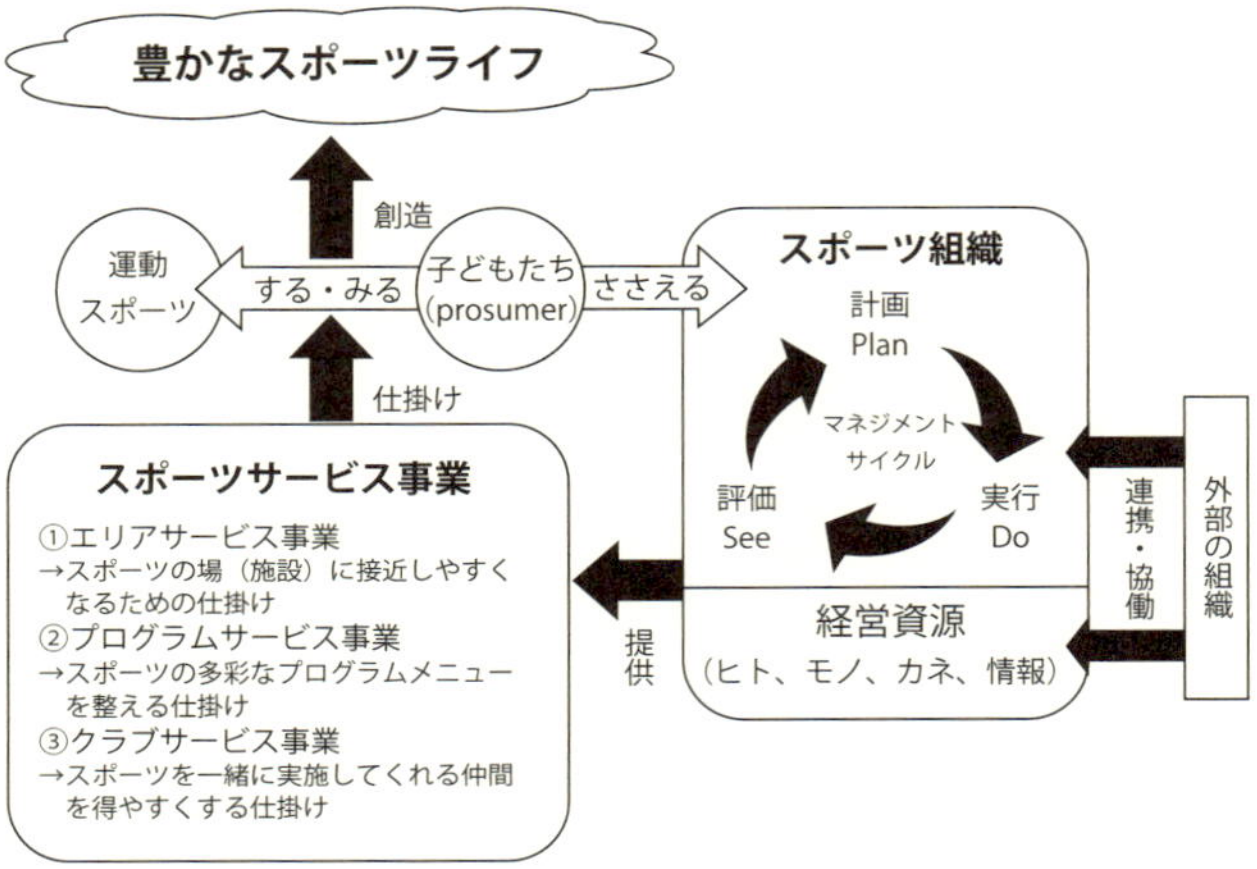

図 7.1　スポーツ組織のマネジメント構造

的）な仕掛け（スポーツサービス事業）によって、その場の魅力を高めることが必要になります。ここでは、スポーツ組織における基本的な三つのスポーツサービス事業を紹介したいと思います。

一つめは、スポーツの場（施設）に接近しやすくするための仕掛けである「エリアサービス事業」です。これは、スポーツ組織において使用する施設（用具・用品なども含めて）が子どもたちにとってアクセスしやすく、快適で安全に使用できるように働きかけるサービス事業で、物的にも心的にもその場に集いたいと思わせる選定・設置・配置を考えていくことになります。またスポーツ活動時だけでなく、その前後において快適に過ごすことのできるアメニティ（温水シャワー、空調など）や、障がい者に配慮したバリアフリー（スロープ、エレベーターなど）などの整備は標準的なものになってきており、いわゆる当たり前水準の向上は、この事業の重要性を高めているといえます。

二つめは、スポーツの多彩なプログラムメニューを整える仕掛けである「プログラムサービス事業」です。これは各種スポーツ教室・大会・イベントといったスポーツ組織の直接的な魅力となるサービス事業であり、スポーツ組織が施設・用具・仲間・時間・活動内容・指導者などをパッケージ化（企画化）することで提供されるサービス事業です。魅力的なプログラム作りには、多彩なスポーツプログラムを企画して、そのなかから子どもたちのニーズ（種目、志向、年代など）に合わせたものをいかに調合できるかが大切であり、マーケティングの発想をもって事業創出に臨むことが必要になっています。

三つめは、スポーツを一緒に実施してくれる仲間を得やすくする仕掛けである「クラブサービス事業」です。これはたとえば、総合型地域スポーツクラブ組織において、上記二つのスポーツサービス事業を経験した子どもたちが仲間と集い、自主的なサークルやクラブを創出するといった組織化を支援していくサービス事業を指します。

このような三つのスポーツサービス事業は、単体ではなく各サービス事業が連動した形で、子どもたちにバランスよく提供されることにより、彼・彼女らのスポーツ活動を受動的なものから能動的なものへと発展を促していくのです。たとえば学校組織においては、運動部活動（クラブサービス事業）の整備ばかりを注視するのではなく、体育授業（プログラムサービス事業）や、昼休みの体育施設開放（エリアサービス事業）といった、さまざまな場での活動を有機的に連動させた仕掛けを実践できれば、これまで以上に子どもたちにとって魅力的なスポーツ環境を創出できるのではないでしょうか。

3　経営資源の充実方策

図7・1の右下に示すように、組織が事業を行ううえで必要となる経営資源として、一般的には「ヒト」「モノ」「カネ」「情報」の四つの資源を挙げることができます。それをスポーツ組織の経営資源に置き換えると、「ヒト」は指導者や運営スタッフなどの事業活動を支える人、「モノ」はスポーツ施設や用品といったスポーツ活動の場に必要な物、「カネ」は事業活動を行ううえで必要となる運転資金や施設設備資金、そして「情報」は対象者である子どもたちが何を求めているかというニーズ情報や、各種スポーツサービス事業を行ううえでのノウハウなどということになります。これらの経営資源がスポーツ組織に豊かに存在するのであれば、量的にも質的にも十分なスポーツサービスを提供できるでしょう。しかしながら現実には、限りある経営資源をどのように活用しながら質の高いスポーツサービスを提供していくか、また、新たな経営資源をどのように確保していくかを検討することになります。

民間スポーツクラブに比べて、学校組織や地域組織の多くは一般的に経営資源が乏しく、少子高齢化に伴う影響もあり、単一組織で多彩なスポーツ事業を子どもたちに提供することは非常に難しくなってきています。そこで運動部活動では、地域から外部指導者を招き入れたり、ほかの学校と合同で運動部活動を行ったり、総合型地域スポーツクラブの事業として活動を展開したりするなど、外部のスポーツ組織と連携する取り組みが見られるようになりました。一方、地域におけるスポーツ少年団では、小学校施設を活用している組織が多いことから、学校との連携は不可欠といえるでしょう。

また、自治会との連携によりスポーツ以外の地域活動に取り組んだり、総合型地域スポーツクラブとの連携により季節に合わせたスポーツプログラム事業（夏のキャンプ教室や冬のスキー教室）を実施したりするなど、ほかの組織と連携することで、当該組織のスポーツサービスを充実させる努力もしています。このように、スポーツ組織間の連携は経営資源不足の問題を解決し、自組織における既存のスポーツサービス事業を充実させる重要な手段として捉えることができます。

さらに組織間の関係性は、既存スポーツサービスの維持を目的とした経営資源の相互依存関係から、新しいスポーツサービスの創出を目的とした共創関係へ、つまり「連携から協働へ」と深化させることも重要です。この協働の状態を生み出すためには、①「目的を共有し」、②「対等な立場で」、③「連携関係の実績を蓄積」していくことがポイントとなります。

4　Plan-Do-See のサイクル

民間スポーツクラブでは、充実した経営資源を武器に、多彩で質の高いプログラムサービス事業を提供することで自らの組織の魅力を高める努力を行っています。しかし、そのスポーツサービスを享受できるのは、主に経済的な余裕のある家庭の子どもたちであり、すべての子どもたちが享受できるものではありません。よって、より多くの子どもたちがスポーツサービスを享受できる、学校や地域のスポーツ組織の存在は非常に重要です。これらの組織が「安かろう悪かろう」といったマネジメント不在の組織ではなく、限りある経営資源をどのように活用し、効率性・効果性を考えながら子どもたちにとって魅力のあるスポーツ組織として存在できるのかを考えていくことは、喫緊《きっきん》の課題であるといえるでしょう。

マネジメントとは、諸説ありますが、ここでは組織の機能を高める営みであり、事業を効率的・効果的に生産していくために必要な一連の働きかけとして捉えたいと思います。換言すれば、スポーツ組織が最小の犠牲（コスト）で最大の成果の達成を考えるということです。

図7・1の右上に示すように、その働きかけの基本的な流れとしては、「計画（Plan）—実行（Do）—評価（See）」といった三つのマネジメントの過程を意識することが必要になります。「計画」とは、自分たちの設定した目的を達成するためにとるべき行動の道筋であり、目的達成のために必要な手段や方法の段階的なシナリオを考えることです。次に「実行」とは、組織メンバーによる役

割分担（人員配置）を行い、計画したスポーツサービスを協力しながら実践していくことです。スポーツ組織の構成員が子どもたちである場合、そのサービス提供を担う人材は、指導者を中心とした大人たちであることが多いと思います。しかし、できれば子どもたちにも運営に参画してもらう役割機会の創出を考えていただきたいと思います。そして「評価」とは、スポーツサービスの計画から実行における過程（経営資源の効率的活用など）や成果（事業の量や対象者の満足度など）を、定期的にモニタリングすることです。さらに、もう一つ必要なのは、評価から計画への「フィードバック」です。スポーツ組織におけるスポーツサービスは、1回限りで終わるものではありません。マネジメントは一方向ではなく、スポーツサービスが継続する限り循環し続けることになります。ゆえにマネジメントはサイクルであり、この繰り返しが本来の機能（スポーツサービスの効率性・効果性）を果たしていくのです。

5　スポーツライフ創生能力

スポーツは「する・みる・ささえる」といった多様な関わり方（楽しみ方）ができる文化です。豊かなスポーツライフとは、このような多様なスポーツとの関わりをバランスよく生活のなかに取り入れている状態を意味しています。

武隈（2007）は、子どもたちが生涯にわたって主体的・協働的に運動・スポーツに親しみ、豊か

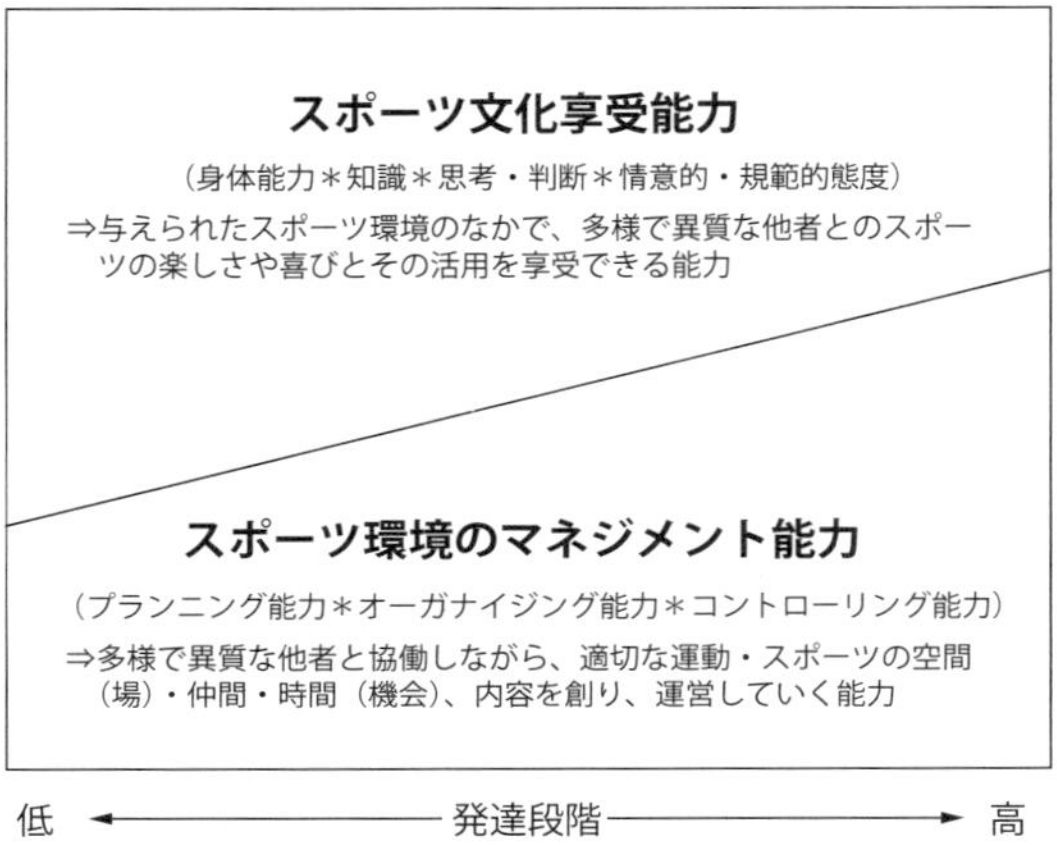

スポーツ文化享受能力
（身体能力＊知識＊思考・判断＊情意的・規範的態度）
⇒与えられたスポーツ環境のなかで、多様で異質な他者とのスポーツの楽しさや喜びとその活用を享受できる能力
スポーツ環境のマネジメント能力
（プランニング能力＊オーガナイジング能力＊コントローリング能力）
⇒多様で異質な他者と協働しながら、適切な運動・スポーツの空間（場）・仲間・時間（機会）、内容を創り、運営していく能力
低
発達段階
高

図 7.2　スポーツライフ創生能力

（出典）武隈（2007：7）より

なスポーツライフを創造できる力として「スポーツライフ創生能力」育成の必要性を示唆しています。これは、①「スポーツ文化を享受できる能力〔与えられたスポーツ環境のなかで、多様で異質な他者とスポーツの楽しさや喜びとその効用を享受できる能力〕」と、②「スポーツ環境をマネジメントできる創生能力〔多様で異質な他者と協働しながら、適切な運動・スポーツの空間（場）・仲間・時間（機会）・内容を創り、運営していく能力〕」の二要素から構成されるもので（図7・2）、とくに後者の能力は、子どもたちのスポーツ経験が増えてくるなかで、スポーツ組織が、いかに高める機会を創出できるかが課題といえます。なぜなら、スポーツ組織が産出するスポーツサービスという製品（スポーツ活動）は、「生産と消費の同時性」というサービス特性をもっているからです。つまり、子どもたちがスポーツ経験を積み重ねていくなかで、より魅力

あるスポーツサービスの提供を考えるとき、そこには、子どもたちが生産活動へ積極的に関わることが、どうしても重要になってくるのです。よって、子どもがやる気になる魅力的なスポーツ組織づくりには、限りある経営資源を効率的・効果的に活用して、子どもたちのニーズに沿うスポーツサービスの提供を考えるだけでなく、同時に、子どもたち自身が運営に参画できる機会を設け、プロシューマー（生産消費者）[1]としての楽しみを演出できるマネジメントの努力も求められるというわけです。

注

（1）プロシューマー（prosumer）とは、生産消費者のことを指し、生産者（producer）と消費者（consumer）の両面をもつ個人を示す、A・トフラー（1980）による造語。貨幣による金銭経済に対し、金銭には置き換えられない価値を得るために、自ら財やサービスを創り出す消費者のこと。

引用・参考文献

武隈晃（2007）「公教育の変容と学校体育システム　すべての子どものための学校体育を創る」（日本体育学会第58回大会体育経営管理専門分科会企画シンポジューム報告書）
A・トフラー著、徳山二郎監修、鈴木健次・桜井元雄他訳（1980）『第三の波』日本放送出版協会
八代勉・中村平編著（2002）『体育・スポーツ経営学講義』大修館書店
山下秋二・原田宗彦編著（2005）『図解スポーツマネジメント』大修館書店
山下秋二・中西純司・畑攻・冨田幸博編著（2006）『改訂版スポーツ経営学』大修館書店

KEY WORD
マネジメント

第8章

子どものやる気を引き出すスポーツ指導者のマネジメント力

流通経済大学 スポーツ健康科学部 教授
福ケ迫《ふくがさこ》 善彦《よしひこ》

1 スポーツ指導の理想と現実

スポーツの参加の仕方が多様化し、気軽にスポーツをする・見る・支える・知ることができるようになりましたが、残念なことに、子どものスポーツ指導の場面では、旧態依然とした指導方法が行われていることもあります。

ある夏、自宅近くの公園でジュニアの野球チームが練習をしていました。日曜日の朝7時頃のことです。真夏の炎天下を避けて、朝早くから練習を始めたのだろうと思っていました。ところが、12時を過ぎても練習は終わりません。結局、そのジュニアチームは昼の2時まで練習していました。

ひと昔前までは、練習時間の長さが結果に結びつくといわれていましたが、果たしてその通りなのでしょうか。練習内容を見ていないので、効率的に練習していたかどうかはわかりませんが、それでも7時間近く練習する意義は理解できません。また筆者は、バレーボールの強豪校の練習を視察したことがあるのですが、朝から夜まで練習している様子を何度も目にしました。

一方最近では、東京大学が宮台康平投手（現 北海道日本ハムファイターズ）を中心に、強豪校と善戦している例もあります（Number web 2016）。練習時間が限られている東京大学硬式野球部は、データを駆使しながら練習方法を工夫し、実践において投球内容などに還元していることが話題となっています。子どもたちの心身の成長・発達やスポーツがもつ価値に鑑みれば、多くの時間を練習に充てることには疑問を感じます。

2 体育授業の現実

筆者の研究分野は、学校体育を対象にした体育科教育学です。体育授業の研究は、行動科学的研究によって多くの数量的情報を得てきました。優れた体育教師は、限られた時間のなかで効率的に授業をマネジメントし、学習成果を保証しています。他方、一般的な体育授業では、そのような効果的な学習が展開されているわけではありません。学校の体育授業は小学校で45分、中学・高校では50分の一単位授業で行われます。Metzler（1983）や高橋ら（1986）の研究によると、体育授業で成功裡に体育の学習に従事している割合は8・4％で、45分に換算するとわずか3・8分であることが明らかにされました。3・8分で、果たしてどれだけの学習成果を上げることができるでしょうか。

用具の準備や片づけをする場面をマネジメント場面といい、体育授業の約30％がマネジメント場面に費やされます。運動を行う運動学習場面は40％、教師が課題などを説明するインストラクション場面は30％です。要するに、準備に時間がかかり、教師の説明が長い――これが一般的な体育授業の現実です。

ちなみに、運動学習場面の時間が潤沢で、成功裡に学習に従事できる密度の高い授業、つまり子どもが「できた」「わかった」と感じる体育授業は、学習成果が高いものです。逆に無駄な時間が多く、教師の話が長いよどんだ授業は学習成果が低いといえます（福ヶ迫 2003）。

ジュニアのスポーツ指導でも、このような事態が起きているのかもしれません。多くの時間をかけているにもかかわらず、効果的・効率的に指導が行われていないため、無駄な時間が多く、時間に見合った練習成果が達成されていないかもしれないのです。

そこで本章では、体育授業に関する研究成果をベースに、「子どものやる気を引き出す指導者のマネジメント力」に関して、示唆を得たいと思います。

3　運動・スポーツの資源を大切にする

先述した通り、体育授業は極めて無駄が多いといわれています。体育授業では、ほかの教科とは異なり、机や椅子を使用しません。体育館や運動場といった広い空間で子どもを組織して、学習に没頭させる必要があります。また、体育授業はボールやコート、あるいは器具や用具といった道具の準備に時間がかかります。子どもを移動させたり、用具を準備させたり、片づけさせたりと、運動・スポーツを実施するまでの時間に多くを費やすのです。

子どもが「できた」「わかった」と感じる体育授業は、学習成果が高い。

運動・スポーツを実施するためにはもちろん、用具の準備・片づけや移動が必要です。「無駄な時間」が学習の中心に対する比喩とはいえ、運動やスポーツを実施するためには最低限必要な時間なのです。とはいうものの、それ自体が学習の中心になることはありません。学習の中心は、運動ができた喜びを体現できる運動学習や、運動ができるようになるための方法を知るという知的な取り組みなのです。

学習可能な時間には制限があります。いかに効率的に時間を費やすか、そこに教師のマネジメント力が問われます。効果的な授業を実施するためには、時間的資源を有効に活用す

限られた資源をいかに有効活用するか――まさにスポーツ指導者のマネジメント力が問われるところだ。

ることがポイントになります。

体育授業では、運動・スポーツを実施する用具などの物質的な制限が加わります。ここでは、走り幅跳びの授業を例にしましょう。多くの学校では、走り幅跳びができる砂場は一つか二つです。40人近い子どもたちが一つの砂場に並ぶと、1人が跳んでいるときに39人が並んでいることになります。ということは，40人中1人しか学習していないことになります。

これを国語の授業に置き換えてみましょう。39人が全く学習していない状況は、まずあり得ません。ところが、体育授業ではそういった状況が生まれます。一つの運動場面に多くの子どもが関わるということは、学習の機会を減少させることにつながるからです。

ここで問題となるのは、時間的・物質的・空間的・人的条件の克服です。用具や空間には限りがあるけれども多くの子どもを学習させたい場合、どのような方法で学習させると効果的な授業が展開できるでしょうか？

スポーツ指導に話を戻しましょう。野球の練習でバッターボックスは一つ、守備に9人の子どもがいます。チームの選手数は20人程度です。攻撃と守備を効率的に練習するためには、どのような練習方法がよいでしょう。限られた資源をいかに有効活用するか、まさにスポーツ指導者のマネジメント力が問われます。

4　マネジメント方略と技術が重要

スポーツ指導における効果的なマネジメントは、優れた体育教師のマネジメント方略と技術から知見を得られます。ちなみに、方略とは計画段階で発揮すること、技術とは方略にのっとって発揮されることです。

体育授業では、用具の準備・片づけや移動といった、授業で必ず生じる活動をルーティンといいます。優れた体育教師は、ルーティンに関して約束事や役割行動を取り決めています。

優れた体育教師が実施した体育授業を分析したところ、以下のルーティンに関するマネジメント方略が立てられていました。それは注視の仕方、移動・集合の仕方、授業の始め方、用具の使い方、学習環境の整備という五つの約束事です。そして用具係や授業の進め方を把握している、マネジャーといった役割行動が決められていました。マネジメント方略にのっとり、次のマネジメント技術を適用して子どもにルーティンを定着させていました（福ヶ迫 2005）。

ルーティンに関わる約束事や役割行動について取り決め、確実に指導・実行することにより、効率よくプレイできる。

・子どものマネジメント行動に関わって、肯定的フィードバックや賞賛を行う。
・ホワイトボードなどに学習の進め方を書いた用紙を掲示する。
・単元の初めに取り決めた約束事や役割行動について子どもが守らなかった場合、注意して次の時間からの解決策を示す。
・用具の準備や片づけ、移動などについての目標時間を設定する。
・子どものマネジメント行動について、教師が期待する行動を明確に提示する。
・班ごとに用具入れを準備して、一定の場所に置く。

一方、ルーティンに関わった約束事や役割行動が取り決められていない授業は、教師がマネジメントに関わってその場その場で対応していたことがわかりました。特徴は次の通りです。

・インストラクション場面において、聞く態度の約束事が取り決められていなかったため、砂いじりをしたり友達とおしゃべりをしたりするなど、課題から逸脱するオフタスクが生じ、それを注意する教師の言語行動が見られる。
・単元を通じて、子どもの不適切な行動に否定的フィードバックを与えるケースがしばしば見られ、その頻度は、単元を通じて減少することはない。
・ルーティンに対して約束事が明確に取り決められておらず、同じ事柄に対して何度も指示している。

優れた体育教師は、マネジメント技術を効率的に発揮し、ルーティンに関わる約束事や役割行動について取り決めて、確実に指導し、実行します。これにより「マネジメントの構造化」が図られ、効率よく授業が展開できます（福ヶ迫 2005）。

5　スポーツ指導でマネジメントを構造化する

時間的・物質的・空間的・人的資源を有効に活用し、スポーツ指導のマネジメントを構造化するにはどうしたらよいでしょうか。優れた体育教師の方略・技術から、表8・1にいくつかの例を挙げます。

表8・1は、実際に教師たちが取り入れているマネジメント方略と技術を参考に作成したもので

す。スポーツ指導の場合、指導者と選手のなかで無駄な時間を削減し、有効に資源を活用する（効率的で効果的な練習を行う）という明確な意図が共有されるときに、その効果が発揮されます。

また、この方略や技術は手段であり、練習の合目的内容ではありません。よって、いち早く無駄な時間を省く意識を定着させて、練習に集中できる環境を組織・構造化することが指導者には求められます。

表 8.1　練習開始に関わるマネジメント

【練習開始に関わるマネジメント】
- 練習が始まる前に用具を準備させる
- 練習始めに行う運動を決める

【移動、集合に関わるマネジメント】
- 移動や集合に費やす目標時間を決める
- 場面転換にタイマーのブザーや音楽を用いる
- 集合の際に、注視する態度や隊形を決める

【用具に関わるマネジメント】
- ローテーションで用具係を決める
- 用具の準備・後片づけに費やす目標時間を設定する

【練習の進め方に関わるマネジメント】
- ローテーションで練習の進め方を把握しているマネジャーを設ける
- ホワイトボードなどに練習の進め方を掲示する

【練習環境に関わるマネジメント】
- 練習前に危険な場所がないか確認させる
- 用具を置く場所やゲームコートの場を一定にする

【マネジメントに関する 指導者の指導とフィードバック】
- ルーティンに関わる約束事や役割行動を取り決める
- ルーティンが定着するに従って、ルーティンに関わる指導やフィードバックを徐々に減少する
- ルーティンが定着するまで、積極的に指導したりフィードバックを与えたりする
- ルーティンに関わって肯定的フィードバックを与え、否定的フィードバックは与えない

（出典）福ヶ迫（2012）

引用・参考文献

Number web（2016）http://number.bunshun.jp/（2016.5.30 最終閲覧）

Metzler, M.（1983）Using academic learning time in process-product studies with experimental teaching units, in T. Templin & J. Olson（eds.）, *Teaching in physical education*（pp. 185–196）. Champaign, IL：Human Kinetics.

髙橋健夫・大友智（1986）「体育のＡＬＴ研究：その１・ＡＬＴ観察法と研究の動向」『体育科教育』34（13）、57–63頁

福ヶ迫善彦（2003）「体育授業における「学習の勢い」に関する検討―小学校体育授業における学習従事と形成的授業評価との関係を中心に」『体育学研究』48（３）、２８１–２９７頁

福ヶ迫善彦（2005）「小学校体育授業における教師のマネジメント方略に関する検討―特に、ボール運動単元の分析から」『スポーツ教育学研究』25（１）、27–42頁

福ヶ迫善彦（2012）「体育授業における「学習の勢い」を生み出す指導方略と指導技術の検証―小学校高学年「ゴール型」ボール運動の介入実験授業を通じて」『スポーツ教育学研究』32（１）、33–54頁

KEY WORD
発育発達学

第9章

今の子どもたちの発育発達を考慮した運動・スポーツ指導の在り方

中京大学 スポーツ科学部 教授
中野《なかの》 貴博《たかひろ》

1 子どもたちの発育発達状況の変化

最初に、今の子どもたちの発育と発達の特徴を確認しておきたいと思います。まず発育面、つまり身体の大きさの変化ですが、子どもたちの発育は以前に比べて明らかに大きく、かつ、早くなっていると考えられがちです。実は、このような発育の加速化現象や促進現象というものが多く論じられたのは、1960～70年代頃のことです。松浦（1964）の論文の冒頭には、日本人の体位の増大は、戦前十数年かかった量をこの頃では5年程度で満足してしまう、と記載されています。

しかし、学校保健統計調査によれば、65年の17歳男性の平均身長は166・8㎝であるのに対し、２０１５年のデータでは１７０・７㎝と、およそ50年間での伸びは４㎝程度しかありません。また、初めて平均身長が１７０㎝を超えたのは82年であり、それ以降の変動の幅は１㎝以下。しかも、ここ数年は増減を繰り返しており、おおむね伸びは止まったともいわれています。つまり、到達身長だけ見れば、加速度的な伸びは80年頃まででであり、現在ではそのような傾向は見られず、今後もないといえるでしょう。

一方で、最高身長に達するまでの過程には変化が生じていると考えられています。いわゆる早期化傾向です。大澤（2014）によれば、学齢期の発育量は戦後減少し続け、逆に、乳幼児期の発育量は増加し続けているといいます。つまり、日本人の大型化は、乳幼児期の発育によってもたらされたことが示されているのです。

このように、今の子どもたちの到達身長は頭打ち状態にありますが、その過程は早期化傾向にあり、しかも乳幼児期という極めて早い時期の発育が加速しているという事実があります。このような現状において、子どもたちが運動を幼少期から多く体験すべきといわれるのも当然のように思えます。心理的な発達が体位と同様の傾向かどうかは定かではありませんが、幼少期から多くの運動体験を促進し、やる気を喚起していくうえで、教育や運動指導に関わるわれわれは、多くの点に配慮しながら実践を進めていく必要があるものと思われます。

2　子どもたちの運動や体育に対する意識

続いて、ここでは今の子どもたちが発育発達に伴って、運動や体育授業に対してどのような意識変化を起こしているかについて考えてみます。２０１５年度の文部科学省の全国体力・運動能力、運動習慣等調査（文部科学省 2015）の結果によれば、小学5年生の男子では72・7％が、女子では59・4％が体育の授業は楽しいと答えているものの、中学2年生になると、それぞれ49・6％と38・5％に低下します。さらに、筆者らが独自に、ある中規模市の全児童に行った調査では、小学6年生の女子で特異的な結果が見られたほかは、男女共に学年進行に伴い、体育授業を好きと回答する割合が低下していくことが確認されました（図9・1）。

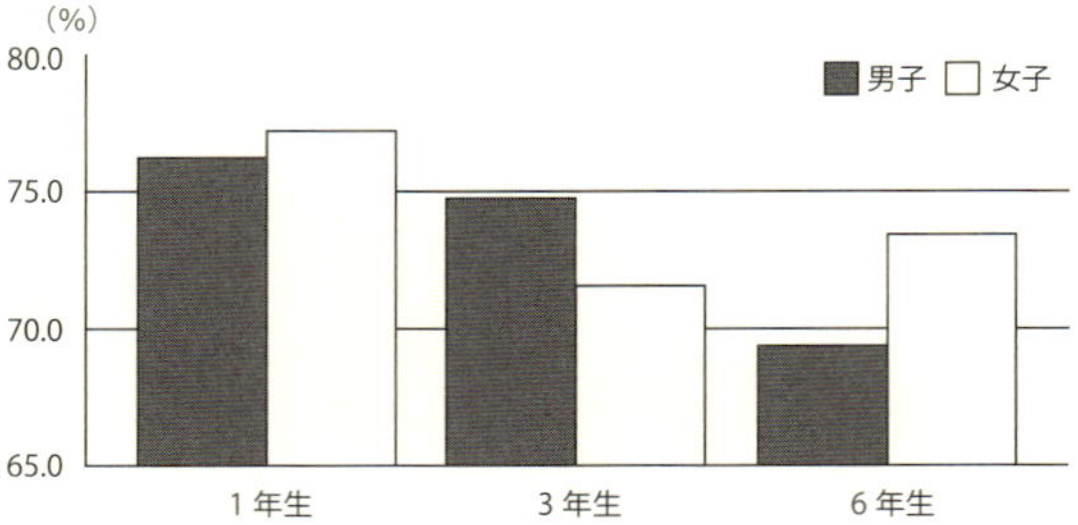

図 9.1　体育授業が好きと回答する割合の変化

（出典）筆者らが、2009 年に行ったある市全体 5,761 名の児童を対象にした調査より。

　これらの結果は、学年が進むにつれて、子どもたちが運動や体育から離れていく傾向にあることを示唆しています。このような傾向は、学年が進むと、部活動などの影響により運動・スポーツが専門化していき、自分の専門種目以外は楽しくない、あるいは自らの競技水準が高水準にない児童生徒においては運動離れが進行し、二極化傾向になることが多くの論文などで考察されています。

筆者はこのような、より早い時期から実施スポーツ種目を専門化していくことや、競技力が高水準でないと運動・スポーツに親しみづらいような風潮に大きな危惧を感じています。このような風潮が今の子どもたちの価値観には合わず、早期に運動から離れてしまう子どもを増やしている実態もあるのではないでしょうか。

3 教員から見た子どもたちの体力や学校体育に対する意識

表9・1、表9・2は、筆者らが2015年に、152名の現役小学校教員（低学年の担任、教務主任、中学・高校の保健体育教員免許保持者）に実施したアンケート調査結果の抜粋です。表9・1には、教員から見た今の子どもたちの体力及び運動実施の実態をまとめています。世間一般でいわれていることと同様に、体力低下や外遊び機会の減少を現場教員も多く感じていることがわかるでしょう。休み時間中の外遊びをもっと促進してほしいと思っている教員が多いことが見て取れます。さらに三間（時間・空間・仲間）の不足に関しては、70％弱の教員が少し、もしくはとても感じると答えています。一方で、運動器具や遊具の不足に関しては、五分五分の結果となりました。この調査結果からも、現場教員が子どもたちの体力や運動実施に関して危惧を抱いていることがうかがえます。

では、そのような現状のなかで、現場教員たちは体育授業に対してどのような思いをもっているのでしょうか。表9・2は、体育授業に関して教員たちに聞いた結果を示したものです。驚くことに、授業自体の不足を強く感じている教員は極めて少ないものでした。しかしながら「授業時の目安達成ができていると感じるか」という質問に対しては、「とても感じる」と回答した教員はわずか1・3%でした。日本人の謙虚な姿勢の表れかもしれませんが、極めて少ないと感じます。さらに、多くの教員が達成状況に応じた対応の必要性を感じているという結果も同時に示されています。また、白旗（2013）が示している図9・2の結果では、体育授業の指導には比較的得意意識をもっている教員が多いにもかかわらず、前述のような結果になっています。多様化する子どもたちの体力・運動能力への対応が限界に来ている、と考えるのが自然ではないでしょうか。

表 9.1　教員から見た今の子どもたちの体力および運動実施の実態

質問項目	とても感じる	少し感じる	あまり感じない	全く感じない	合計(%)
以前に比べて体力が低下	42.8	48.7	7.9	0.7	100
外遊び機会の減少	46.1	41.4	11.2	1.3	100
休み時間中の外遊びが不足	11.2	52.0	34.9	2.0	100
もっと休み時間に外で遊んでほしい	36.2	41.4	21.1	1.3	100
運動器具・遊具が足りない	15.8	38.2	42.1	3.9	100
三間（仲間・時間・空間）の不足	26.3	42.1	27.0	4.6	100

表 9.2　教員たちの学校体育授業に関する意識

質問項目	とても感じる	少し感じる	あまり感じない	全く感じない	合計(%)
体育の授業数の不足	2.0	19.1	69.1	9.9	100
授業時の目安達成ができている	1.3	66.4	31.6	0.7	100
達成状況に応じた対応の必要性	32.5	60.3	7.3	0.0	100

（出典）表9.1、表9.2ともに、筆者らが2015年に実施したある市内の教員152名への調査より。

まとめると、今の子どもたちの体力は低下し、運動実施も減ってきていると現場の教員たちも感じています。しかしながら、体育授業という観点では、不足は感じないまでも、子どもたちの目安達成のためには達成状況に応じた対応をしていかなければならないと感じていることがわかります。このことから導き出せる結論は、以前に比べて今の子どもたちの体力や運動能力の個人差は大きく、一人の教員や指導者が集団で指導を行うだけでは対応し切れなくなってきているということです。低学年の先生でこのような回答傾向であったことを考えると、高学年ではこの傾向がより顕著になると推察されます。

われわれはこの調査結果を受けて、あまり運動が得意でない児童を集め、３日間の集中的な運動実践を行いました。その際に注意した点の一つとして、「ここではとにかく手厚く子どもたちに関わろう」ということがありました。それは、学校体育の限界を補おうという考えからです。その結果、実践当初は積極的に運動参加できていなかった児

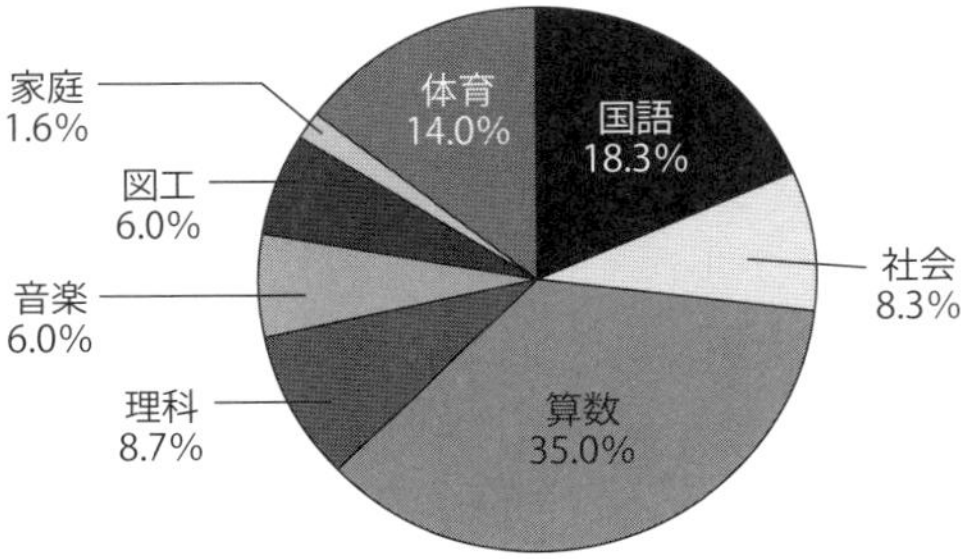

図 9.2　指導が最も得意な教科の割合

（出典）白旗（2013：69）

童も、最後はとても積極的に参加するように変わっていきました。学校体育現場では難しい方法ですが、地域や専門機関が協力して、時に手厚い指導をしてあげることは、子どもたちの運動参加への前向きな姿勢を後押しする可能性があると思われます。

もちろん、いつまでも手厚いばかりでは子どもたちにとってもよくないことが生じます。私が述べたいのは、学校体育でいえば、各単元の導入のような段階で、少しでも「楽しい」「できるかも」と感じられるようなきっかけを与えることが、今の子どもたちの自信になるかもしれないということです。以前のように大声を張り上げて、子どもたちが主体的に動くのを待つだけでは、気づいたときには、やる子とやらない子との二極化が発生してしまう恐れが現代の子どもたちにはあると感じています。最も競争が激しく、そのなかで体力もつけてきた第二次ベビーブーム世代の筆者には受け入れ難い事実ですが、発想を少し転換することで、子どもたちがやる気をもって今後の運動や体育授業における課題に積極的になれるのならば、このような工夫も必要なのではないでしょうか。導入では個を見て、自信がついたら集団で、という考えです。

4　運動を通して子どもたちに何を伝えなければならないか

われわれ大人たちは今の子どもたちに対して、運動を通して何を伝えなければならないのでしょうか。ここでは子どもたちの立場に立って、運動を通して何を学ぶのかを考えてみることで、子どもたちの運動に関わる際に重要なポイントを見いだしていきたいと思います。

以前であれば、叱咤激励、お尻をたたくといったスタイルの指導でも、子どもたちは運動に親しめました。そのなかで、運動のできる子どもたちが頭角を現してくるのを頼もしく感じたことと思います。しかし、今は少し違うように感じています。もちろんそのような指導に張り合いを感じるたくましい子もまだまだいるのですが、その多くは、運動に対して好意的、あるいは得意意識を抱いている子どもたちです。つまり、なんらかのきっかけで、運動に対して自信や好意的な感情を抱いたからこその態度だということです。

発育発達の早期化も手伝い、これまで以上に小さい頃からの多様な運動実施が体力向上に求められる現代において、そのような機会に早い段階から恵まれる子どもたちは決して多くありません。気づいたときには、運動をしない子どもたちのグループに入っているということも少なくないでしょう。さらに、このような区分けが明確になるのはわれわれ大人の予想よりも早く、早い子どもでは小学3年生くらいからその傾向が見られ始めます。

そのため現代では、低学年の頃までに徹底して運動の楽しさや、どんな運動課題にも受け身にならず前向きに取り組める姿勢と自信を育まなければなりません。この自信は、根拠のないものであってもいいように思います。大切なのは、自信に裏付けられた運動への積極的な姿勢と、それを打ち砕かれたくないという悔しい感情だからです。いわゆる意欲や負けず嫌いの感情などの非認知的な能力を、われわれは徹底的に評価し、育んでいくべきなのです。

5　子どもたちの運動実践に際して諸々思うこと

本章では発育発達を念頭に置いたうえで、ある程度のエビデンスから考えを述べました。しかしそのようなエビデンスとは別に、実際に子どもたちに接していて感じることがいくつかあるのも事実です。少し示しておきたいと思います。

第一に、「大きなお兄さん・お姉さんの重要性」です。われわれが小さい頃は、よく近くのお兄さんやお姉さんと一緒になって遊んだものです。しかしながら今の子どもたちは、そのような機会が本当に少ないといえます。このような機会は体力・運動能力の向上だけでなく、スポーツに対する憧憬《どうけい》の心を育みます。届きそうで届かないちょっと大きなお兄さん・お姉さんの存在は本当に貴重で、果てしない子どもたちの意欲をかき立ててくれるものなのです。学校などで、上の学年の児童と一緒に運動をする機会がもっとあってもよいのではないでしょうか。いずれ立場が逆転したときにも、学ぶものは多いように思います。

次に、「保護者を巻き込む」ことです。これはよくいわれることですが、ここで確認しておきたいのは、今の小学校低学年くらいの子どもたちの保護者の多くは、体力低下が問題視された後の世代であるということです。つまり、子どもたちの体力への意識が思ったより高くないのです。だからこそ、保護者を巻き込んで取り組まなければなりません。小さい頃からの二極化の問題などを、保護者にもしっかり理解してほしいものです。

そして最後に「多種目の勧めと多様な価値観の理解」です。とにかく今の子どもたちは、一つの種目しか行いません。運動のできる子ほど、小さい頃からそういう傾向が強いように思います。最悪のケースでは、自分の種目以外を認めないかのような態度を見せることもあります。これでは、運動を本当に楽しんでいるとはいえません。競技者であっても、種目を絞り込むのは高校や大学からでも十分だと思いますし、さまざまな運動に親しめる資質は、あらゆる年代のスポーツ実施にもつながります。もっといえば、運動以外の何かを同時に熱心に行ってもよいのではないでしょうか。そのような過程が多様な価値観を育み、大人になったときに幅広い見識へとつながるものと思います。一つの種目を極めることも素晴らしいことですが、ほかのことに興味をもったら極められないというのは間違いです。世界中のトップアスリートは、スポーツ以外にもさまざまな才能を発揮していることがよくあります。われわれも、そのような多様な価値観の一つとしてスポーツを捉え、子どもたちと関わっていくべきでしょう。

引用・参考文献

大澤清二（2014）「日本人の大型化は乳幼児期の発育によってもたらされた」『発育発達研究』63、1–5頁
松浦義行（1964）「発育加速化現象の分析」『体育學研究』8（2）、35–41頁
白旗和也（2013）『学校にはなぜ体育の時間があるのか？ ―これからの学校体育への一考』文溪堂

KEY WORD
エビデンスの活用

第10章

体力テストの結果を子どもの指導にどう生かすか

順天堂大学 スポーツ健康科学部 先任准教授
鈴木《すずき》 宏哉《こうや》

1 なぜ測定するのか？

学力テストや体力テストなど、教育現場ではさまざまなテストが行われています。スポーツ指導現場でも、各種スポーツに特化したスキルテストなどが行われています。果たして、テストを実施する（測定する）狙いはどこにあるのでしょうか。

まずは、測定という用語について考えてみましょう。測定とは、ある目的に従ってデータを収集することです。そしてデータは、ある現象に対してなんらかの物差し（スケール）をあてがうことによって収集されます。ちなみに、測定と評価は対にして表現されることも多いのですが、評価とは収集されたデータに価値（意味）を与えることです。

たとえば長座体前屈テストでは、対象者の柔軟性を知ることを目的に、長座の姿勢で身体を前屈させる運動を対象者に行わせ、距離というスケールを用い、指先の移動距離としてデータ化します。収集されたデータ、すなわち客観的な数値情報は、それだけでは何の意味ももちません。過去のデータと比べる、他者のデータと比べる、集団の標準値や障害予防のためなどの基準値と比べるといった「比較すること」を通して、改善した、劣っている、十分だなどの判定を行って初めて、データに意味が与えられるわけです。

テストというイメージは、学力テストの設問のように測定の道具を意味することもありますが、教育現場やスポーツ指導現場では、測定し評価する過程としてテストを捉えています。要するに、評価したいから測定するのです。

2 なぜ評価したいのか?

生産・品質管理の考え方に、PDCAサイクルというものがあります。Plan（計画）→Do（実行）→Check（点検・評価）→Act（処置・改善）を繰り返すプロセスが、品質の維持・向上に必要不可欠といわれています。生産・品質という部分を人間の機能・能力に置き換えると、スポーツの指導場面にも当てはまる考え方であることがわかります。トップアスリートだけでなく、子どもの体力づくりから中高齢者の運動教室まで、トレーニングプログラムを作成し、見直しをするうえで対象者の能力を評価することが、指導者には求められます。個人や集団の状態を把握することなく、トレーニングを計画することはできません。

Worthington（1980）は、すべての指導者は選手の達成度を客観的に把握することによってのみ成功することができるとし、Franks（2002）は"Evidence-based practice for coaching"と表現して、指導における客観的評価の重要性を指摘しています。教育場面でもエビデンス（証拠・根拠）に基づいた教育政策と実践が求められています。テストは、まさにエビデンスづくりのプロセスです。

3　テストは誰もが納得するエビデンスをつくる

モノ作りの世界では「匠の技」や「職人気質」などといった表現を用いて、凡人の理解を超える優れた技能をもった人をもてはやしますが、教育・指導現場における人づくりの世界では、感情のないモノとは異なり、感情をもった人（教育・指導される側）が、つくり上げる対象となります。

時代の変化とともに、「いいから黙って私についてきなさい」と言ってついてくる子どもは少なくなっているように思います。人づくりには、人が納得して自ら変わろうとする姿勢が必要ですから、その意味で納得できる説明が求められます。モノ作りをする職人は主観的な説明しかできなくても構いませんが、人づくりをする教師や指導者は客観的な説明ができなければなりません。客観的な説明とはエビデンスのことであり、誰もが納得するエビデンスをつくるためにはテストが必要不可欠です。

4 テストを実施する側の狙いは一つではない

評価したいからテスト（測定）するわけですが、評価（Check）の目的は Act（処置・改善）することです。子どもに対するテスト実施は、もちろん最終的には子どもの何かを改善させることを目的としており、その目的に合ったテストが行われます。しかし子どもを改善するための方法論は教師・スポーツ指導者の立場、管理者（学校長や監督）の立場、教育・スポーツ行政の立場によって異なり、それに伴ってテストする理由も異なります。

5 学校が新体力テストを実施する現実的理由

学校現場ではスポーツ庁新体力テストが毎年行われています。小学5年生と中学2年生は全員が調査対象になっており、それ以外の学年でも所管する教育委員会独自の調査があることから、現在では約7割以上が新体力テストを実施しています（スポーツ庁 2015）。現場教師の意図にかかわらず、スポーツ庁あるいは教育委員会からの要請によって、恒例行事として実施している様子がうかがえます。このような実態を踏まえ、新体力テストの結果を記録した用紙を回収して、調査結果を個人ごとや学校用に返却することを請け負う業者も複数存在し、教育委員会などがその予算をつけている場合も多く、教師が自ら集計処理を行うことはほとんどありません。

また学校長の視点では、学校運営について評価を行い、その結果に基づき学校運営の改善を図るために必要な措置を講じることにより、その教育水準の向上に努めなければならないことが、学校教育法で謳《うた》われています。そのため、学校全体の体力の現状を把握する義務があります。

教育・スポーツ行政の視点では、所管するすべての学校の実態を踏まえ、次年度の体力向上に関する事業を計画し、予算を策定することになります。このような体力テスト実施の実態を踏まえると、学校現場で行われている新体力テストの多くは、教師が子ども一人ひとりの体力を把握するためではなく、学校や地域全体の特徴を把握するために行われていることがわかります。

6　回り回って子どものために

学校現場で行われている新体力テストの多くは、集団の体力実態把握の調査として実施されています。現場教師の視点では、子どもの体力向上に直結しないテストに対して時間を割くことに否定的な印象をもっているかもしれません。しかし調査は、子どものスポーツ・教育環境の改善に結びつきます。

東日本大震災の被災地での運動量調査の経験談ですが、当時エビデンスを欲しがっていたのは、行政とマスコミでした。現場教師のなかで、震災後に子どもたちの運動量が低下していることを実感していない教師はいなかったと思います。被災した子どもたちと日々本気で向き合う教師にとって、運動量調査は煩わしかったことでしょう。しかし仮設住宅間で格差があることがわかりましたし、議員が子どもの環境改善を訴えるためのエビデンスとしたりマスコミが取り上げてくれたりしたことで、県外からの支援者や支援に使える予算も増えました。結果として、学校を支援する環境が充実することになったのです。体力テストをする理由は三者三様。体力テストを生かすも殺すも、教師・スポーツ指導者の考え方次第なのです。

7 要因指標として体力テストを生かす

教師・スポーツ指導者が設定した、子どもの到達目標と子どもの現状との差を埋める作業が指導です。目標と現状との差を客観化し、その変化を追跡することで指導方法の成否を確認できます。現状を把握せずに指導することほど、無謀なことはありません。体力向上が目標であれば、体力の現状との差を体力テストによって評価すればよいわけですが、ここで改めて何を評価すべきかについて考えてみましょう。

勝ち負けにこだわる競技スポーツの指導者にとっては、指導方法の正否を確認する最も客観的な指標は勝敗です。しかし、勝敗は単なる結果であり、負けているチームが改善策を考えるためには、勝敗の要因となる指標を測定・評価しなければなりません。すなわち、評価していることが、結果なのか要因なのかの理解が重要です。

体力向上は結果目標なのか、それとも何かを成すための要因なのか、を考えてほしいです。勝敗を左右する要因の一つに体力があるとすれば、体力を要因指標として評価する必要があるでしょう。しかし、勝敗に影響する直接的要因が試合中の運動パフォーマンスであれば、それを評価し、そしてその運動パフォーマンスを最大にする要因の一つに体力があるとすれば、その要因の要因として評価することになります。このように測定するいくつかの要因は並列的ではなく、結果に及ぼす要因、その要因、またその要因といった因果的な関係にあります。したがって、指導方法の改善のためには結果指標ではなく、要因指標として体力を測定する必要があるわけです。

子どもが体力テストを結果指標と捉えてしまうと、そのテスト結果を向上させることだけに意識が偏り、教師・スポーツ指導者が本来目標としている子どもの姿（ゲームパフォーマンスの向上や健康的な身体づくりなど）から乖離することもあり得ます。

8　体力テストを学習教材とする

子どもの行動変容を促すための学習教材として、体力テストを生かすこともできます。たとえば、教師は生徒評価のためだけでなく、日々の勉強を促すために定期試験を実施しています。す

① 新体力テストの結果を記録しよう。

●全種目の記録が終わったら、先生の指示《じ》で児童調査《さ》票《ひょう》提《てい》出用に記録を書き写しましょう。

種目		記録				得点	全国平均《へいきん》	
							男子	女子
❶ あく力 ※小数点以下は切り捨《す》て	右	1回目	kg	2回目	kg		16kg	16kg
	左	1回目	kg	2回目	kg			
	平均《へいきん》	※平均《へいきん》を求めるときは，左右おのおのの良いほうの記録を平均《へいきん》し，小数点以下を四捨《しゃ》五入する			kg			
❷ 上体起こし					回		20回	18回
❸ 長座《ざ》体前くつ ※小数点以下は切り捨《す》て		1回目	cm	2回目	cm		33cm	37cm
❹ 反復《ぷく》横とび		1回目	点(回)	2回目	点(回)		42点(回)	40点(回)
❺ 20mシャトルラン		※折り返した回数を記入			回		52回	41回
❻ 50m走 ※切り上げて1/10秒まで記入					秒		9.4秒	9.6秒
❼ 立ちはばとび ※小数点以下は切り捨《す》て		1回目	cm	2回目	cm		151cm	145cm
❽ ソフトボール投げ ※小数点以下は切り捨《す》て		1回目	m	2回目	m		23m	14m
総《そう》合評《ひょう》価《か》 A B C D E				得点合計（体力合計点）			54点	55点

※全国平均《きん》は、小数第1位を四捨《しゃ》五入にしています(50m走は小数第2位を四捨《しゃ》五入)。 平成27年度の国立・公立・私《し》立学校の小学校5年生を対象とした調査《さ》結果です。

② 種目別得点と総《そう》合評価《ひょうか》を調べて、上の表に記入しよう。

男子　種目別得点表

得点	あく力	上体起こし	長座体前くつ	反復横とび	20mシャトルラン	50m走	立ちはばとび	ソフトボール投げ
10	26kg以上	26回以上	49cm以上	50点以上	80回以上	8.0秒以下	192cm以上	40m以上
9	23～25	23～25	43～48	46～49	69～79	8.1～8.4	180～191	35～39
8	20～22	20～22	38～42	42～45	57～68	8.5～8.8	168～179	30～34
7	17～19	18～19	34～37	38～41	45～56	8.9～9.3	156～167	24～29
6	14～16	15～17	30～33	34～37	33～44	9.4～9.9	143～155	18～23
5	11～13	12～14	27～29	30～33	23～32	10.0～10.6	130～142	13～17
4	9～10	9～11	23～26	26～29	15～22	10.7～11.4	117～129	10～12
3	7～8	6～8	19～22	22～25	10～14	11.5～12.2	105～116	7～9
2	5～6	3～5	15～18	18～21	8～9	12.3～13.0	93～104	5～6
1	4kg以下	2回以下	14cm以下	17点以下	7回以下	13.1秒以上	92cm以下	4m以下

女子　種目別得点表

得点	あく力	上体起こし	長座体前くつ	反復横とび	20mシャトルラン	50m走	立ちはばとび	ソフトボール投げ
10	25kg以上	23回以上	52cm以上	47点以上	64回以上	8.3秒以下	181cm以上	25m以上
9	22～24	20～22	46～51	43～46	54～63	8.4～8.7	170～180	21～24
8	19～21	18～19	41～45	40～42	44～53	8.8～9.1	160～169	17～20
7	16～18	16～17	37～40	36～39	35～43	9.2～9.6	147～159	14～16
6	13～15	14～15	33～36	32～35	26～34	9.7～10.2	134～146	11～13
5	11～12	12～13	29～32	28～31	19～25	10.3～10.9	121～133	8～10
4	9～10	9～11	25～28	25～27	14～18	11.0～11.6	109～120	6～7
3	7～8	6～8	21～24	21～24	10～13	11.7～12.4	98～108	5
2	4～6	3～5	18～20	17～20	8～9	12.5～13.2	85～97	4
1	3kg以下	2回以下	17cm以下	16点以下	7回以下	13.3秒以上	84cm以下	3m以下

総合評価基準《そうごうひょうかきじゅん》（男子・女子共通）

段《だん》階	A	B	C	D	E
10さい	65以上	58～64	50～57	42～49	41以下

※総《そう》合評《ひょう》価《か》は8種目全て実しした場合に判《はん》定します。
※体力合計点で判《はん》定します。

図10.1　平成28年度全国体力・運動能力、運動習慣等調査記録シートの一部①
（出典）文部科学省（スポーツ庁）ホームページ

なわち、子どもが自分の体力の現状に気づくことは、大人が健康診断の結果から生活習慣の見直しを考えることと同じように、行動変容を促すきっかけになります。ただし、業者の集計作業を待っていてはその効果も半減してしまいます。

体力テストの利点は、学力テストや血液検査とは異なり、測定直後に結果がわかることにあります。ところが、その結果を仲間とその場で比較することが動機づけになる

5《ステップ》「生活と運動」の1日の様子をふり返り、これからの目標をたてよう。

●平日（月～金曜日）と休日（土・日曜日）からそれぞれ１日を取り上げ、「生活と運動」の記録と目標を書こう。

こう目		記入の仕方	平日	平日の目標	休日	休日の目標
すいみん	起しょう	起きた時刻《こく》、ねた時刻《こく》を書こう。	時　分	時　分	時　分	時　分
	就《しゅう》しん		時　分	時　分	時　分	時　分
	すいみん時間	１日のすいみん時間を計算しよう。	時間　分	時間　分	時間　分	時間　分
食事	朝食・昼食・夕食	◎しっかり食べた　○少し食べた　×食べなかった	朝　昼　夕	朝　昼　夕	朝　昼　夕	朝　昼　夕
運動	朝始業前	運動や運動遊びをした時間を書こう（体育の時間は除《のぞ》く）。	分	分	午前　分	午前　分
	中休み		分	分		
	昼休み		分	分	午後　分	午後　分
	放課後		分	分		
	運動時間の合計	１日の運動時間を計算しよう（体育の時間は除《のぞ》く）。	時間　分	時間　分	時間　分	時間　分
勉強	勉強時間	学校の授業以外で勉強した時間を書こう。	分	分	分	分
テレビ・ゲーム等	テレビ・ゲーム等	テレビを見たり、ゲームをしたりした時間を書こう。	分	分	分	分

図 10.2　平成 28 年度全国体力・運動能力、運動習慣等調査記録シートの一部②

（出典）図 10.1 に同じ

のは、体力の優れる集団だけですから、図10・1の評価表のような用紙を測定時に持たせて、結果を自分ですぐに評価できるようにしたり、過去の自分と比較できるようにしたりすることで、体力テストが学習教材として昇華します。加えて、体力と関連している運動生活習慣を振り返らせ（図10・2）、体力の優れている者の運動生活習慣と比べてどこに違いがあるのかを考えさせるといった工夫、すなわち体力の比較ではなく、体力に関連する要因の比較を促すことで、体力比較による漠然とした劣等感ではなく、どこに改善の余地があるのかを考えさせて日々の生活に生かすことができます。

また最近では、ＩＣＴを活用した授業展開がさまざまな教科で行われていますが、体力テストの実施や評価場面でも、さまざまなタブレット端末の活用法が考えられます。たとえば測定方法の動画再生や、前回のテスト風景を撮影していれば、テスト記録だけでなく運動パフォーマンスの変化を視覚的に観察することができます。またデジタル入力となるので、記録の入力とその評価結果を簡単に確認することや、比較したい対象の平均値を表示することもできるでしょう。

子どもの体力は発育レベルによって解釈が異なりますので、比較に際しては、身長を基に発育レベル（早熟・晩熟）を考慮したうえで優劣を判断しなければなりません。同じ年齢集団における身長の発育状態と比べて、体力がどのようなレベルにあるのかを考える必要がありますが、このような比較もタブレット端末があれば容易に表現することができるでしょう。スポーツ指導の場面でも広くＩＣＴ機器が用いられるようになりましたので、行動変容を促す評価フィードバックの即時性を高めるために活用できるはずです。

9 意図した体力テスト

50メートル走や持久走テストなどのように、体力テストは実施そのものが体力トレーニングになります。日常的に子ども自らが体力テストを実施することは、全力で力を発揮するトレーニングにもなります。トレーニングメニューを模した体力テストを考案すれば、トレーニングのなかで記録の変化を観察することもできます。

テスト項目の選定には、指導者の意図が反映されていなければなりません。そして、日常的に子どもたちが容易にテストを実施できる環境、あるいはトレーニングとテストとを一体化する工夫が、子どもたちによる主体的なテストの活用を促進することにつながるはずです。

10 最後に

「体力テストを子どもの指導にどう生かすか」というテーマは、教師・スポーツ指導者と子どもたちとの関係だけで考えるべきではないと思います。本章で紹介したいくつかの体力テストにまつわる工夫は、多くの指導者がすでに行っていることでしょう。そのうえで、体力テストを教師・スポーツ指導者の単なる指導ツールとして捉えるのではなく、体力テストにまつわる諸事情を俯《ふ》瞰《かん》し、教師・スポーツ指導者が積極的に体力テストに取り組むスタンスが、子どもたちの健全な発育発達を促し、ひいては体育・スポーツ環境の改善につながると信じます。

引用・参考文献

Worthington, E.（1980）The skill of the coach, in Worthington, E.（ed.）, *Teaching soccer skill*. Lepus books : London, pp. 154–184.

Franks, I. M.（2002）Evidence-based practice and the coaching process. *International Journal of Performance Analysis in Sport*, 2 : 1–5.

スポーツ庁（2015）「平成27年度全国体力・運動能力、運動習慣等調査報告書」

KEY WORD
生理学

第11章

子どもがやる気になる運動生理学

岐阜聖徳学園大学 教育学部 教授
小栗《おぐり》 和雄《かずお》

1 最新のスポーツ科学に基づいて指導しよう！

突然ですが、1円硬貨の直径と重さをご存じですか？ 毎日見て触っているのでわかっているように思えますが、正確な数値は答え難いものです。ちなみに直径2㎝、重さ1gです。

これと同じように、指導者は特定の専門種目を長年経験し、子どもを日々観察しているため、練習の効果や子どもの能力を正しく把握しているように思えます。しかし、主観的な観察だけでは期待したほどの練習の効果が現れなかったり、子どもの能力を過小（過大）に評価したりすることがあります。したがって、指導者は、練習の効果や子どもの能力を客観的に評価し、エビデンス（科学的根拠）に基づいた指導を行う必要があります。

ところが近年、こうした指導の根幹となるスポーツ科学の常識が覆されています。たとえば、乳酸は疲労や筋肉痛の原因物質ではなく、筋肉にエネルギーを供給し、筋肉の酸化を防ぐことが報告されています（安部 2008）。また、速く走るためには、膝を高く上げたり脚を真っすぐ伸ばして蹴ったりするのではなく、膝や足首を軽く曲げたまま箒《ほうき》で掃くように走るほうが良いとされています（伊藤 2004）。科学的に正しくない練習は、効果が得られないだけでなく、ケガにつながり、子どもたちからやる気を奪うことになります。

そこで本章では、スポーツ科学の中核を担う運動生理学について、頻繁に使う知見でありながら常識が覆された事例を紹介します。そして、子どものやる気を引き出すために、これらの知見をどのように指導の現場で活かしていくべきかを探ります。

2　快速球を投げる身体的条件は柔軟性？

子どもたちは快速球を投げることに憧れ、筋肉を鍛えようとします。しかし、実際に快速球を投げるためには、筋力や体格、投球技術だけでなく、柔軟性、とくに肩甲骨周りの筋肉や腱の軟らかさが重要であることがわかってきました。具体的には、この柔軟性によって肩甲骨の可動範囲が広がり、投動作のテイクバック時に前腕を後方に大きく傾けることができます（図11・1）。その結果、腕をムチのようにしならせ、ボールに与えるエネルギーが大きくなることで快速球を投

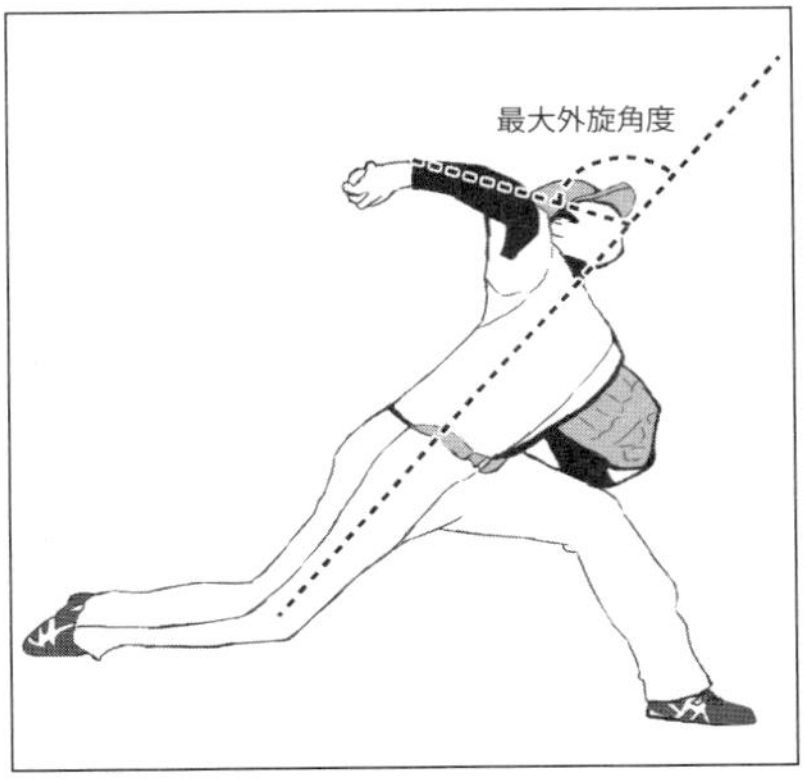

図11.1　快速球投手のテイクバック
肩甲骨周りの柔軟性が高く、肩甲骨の可動範囲が広がると、投動作のテイクバック時に前腕を後方に大きく傾けることができる。

げられるのです。

実際に川村ら(2012)は、平均球速が152・6㎞/hの快速球投手8名と、132・5㎞/hの低球速投手8名を対象に、体幹に対して前腕が後方に傾斜した角度(最大外旋角度)を比較した結果、快速球投手の角度が明らかに大きいことを報告しています(快速球投手104・0度、低球速投手92・7度)。また、球速が150㎞/h以上である田中将大投手(ニューヨーク・ヤンキース)の最大外旋角度は約120度、160㎞/h以上である大谷翔平投手(ロサンゼルス・エンゼルス)のそれは132度であり、驚異的な可動範囲であることがわかっています(奥 2014)。これらのエビデンスから、肩甲骨周りの柔軟性は、快速球を投げるための身体的条件の一つであると言っても過言ではありません。

このように、柔軟性は競技能力と密接に関係するため、発育期に高めておきたい体力要素の一つです。しかし、6~7歳を過ぎると筋肉よりも骨が速く成長して筋肉や腱が硬くなるために、柔軟性は低下しやすくなります(オルター 2010)。この知見は、筋力や持久力などほとんどの体力要素が発育とともに必ず向上する一方、柔軟性だけは発育期に低下し得ることを示しています。したがって、小学生以降の子どもにとって柔軟性を維持・向上させるためのストレッチングは不可欠な運動といえます。

しかし、柔軟性の重要さに気づいていない子どもが多く、運動前後のストレッチングを疎《おろそ》かにする姿をよく見かけます。そこで、柔軟性と競技能力との密接な関係を説明したり、子どもたちが憧れるトップアスリートの柔軟性を紹介することによって、子どものやる気を引き出し、ストレッチングを丁寧に行うよう促していきたいものです。

3　運動前のストレッチングは静的？ 動的？

運動前のストレッチングといえば、反動をつけずに筋肉をゆっくりと伸ばす静的ストレッチングが常識的に行われています。しかし近年、静的ストレッチングは、ケガを予防しないだけでなく、筋線維を微小断裂させたり、筋肉や腱を緩ませて弾力性をなくして瞬発力を低下させることが明らかになっています（山口 2011）。筆者も12名の大学生を対象に、大腿四頭筋とハムストリングスに対して20秒間ずつの静的ストレッチングを行った結果、立ち幅跳びが運動前より12㎝も低下しました。したがって、静的ストレッチングが瞬発力を低下させることは明らかであるといえます（図11・2）。

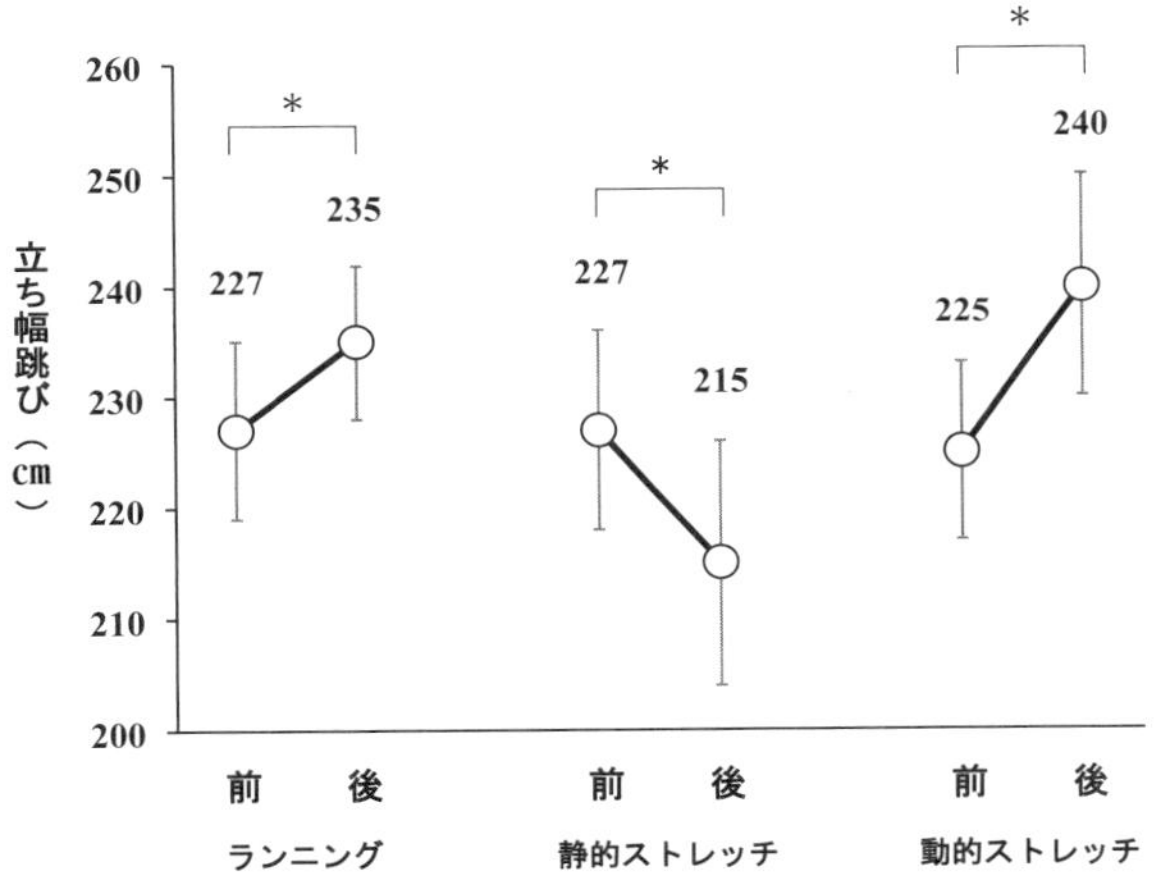

＊は統計学的に有意な変化があったことを示す。

図 11.2　ランニング、静・動的ストレッチングが瞬発力（立ち幅跳び）に及ぼす影響

それでは、瞬発的な運動の前にはどのようなストレッチングが良いのでしょうか。それは動的ストレッチングです（安部 2008）。動的ストレッチングは、筋肉の温度や反射機能を高め、筋収縮の方向を一体化することで筋肉の柔軟性や瞬発力を高めることができます。前述と同じ対象者に、大腿四頭筋とハムストリングスに対して20秒間ずつの動的ストレッチングを行った結果、立ち幅跳びが運動前より15cmも増加しました（図11・2）。こうした動的ストレッチングの代表例としては、サッカーのブラジル体操やラジオ体操が挙げられます。ただし、その重要性や効果があまり知られておらず、全身の関節を網羅したプログラムが少ないという課題もあります。そこで、この課題を逆手にとり、指導の現場において楽しく覚えやすい動的ストレッチングの

プログラムを子どもたちと一緒に考えることで、疎《おろそ》かになりがちなストレッチングに対するやる気を引き出せるのではないかと思います。

4 ケガ直後のアイシングは不必要？

運動中に足首の捻挫や骨折、突き指などのケガを負ってしまったとき、ほとんどの指導者は応急処置（ＲＩＣＥ《ライス》処置）の一環としてアイシング（冷却）を行うと思います。患部をアイシングする効果には、血管を収縮させて内出血や炎症を抑え、腫れや痛みを緩和することが挙げられます。また、ケガによって毛細血管が切れると、健康な細胞が酸素・栄養素不足となって死んでしまう二次的低酸素障害が起きやすくなります。そしてアイシングによって細胞の代謝レベルを落とすと、酸素・栄養素の必要量が減ってこの障害を軽減することができます。こうした効果から、複数の医療・安全分野の団体が受傷直後のアイシングを推奨し、「アイシングは1回に20～30分を目安として、３日間にわたってしっかり行うもの」とされてきました。

ところが近年、アイシングはケガの治癒を助けるのではなく遅らせるという驚きの報告が相次いでいます。Takagi（2011）は、ラットの筋肉を損傷させて20分間のアイシングを行った結果、アイシングをしなかったラットに比べて、再生した筋線維の面積が半分程度と小さかったことを報告しています。また、１９７８年にＲＩＣＥ処置を提唱したゲイブ・ミルキン（Gabe Mirkin）は、「ＲＩＣＥ処置（とくに安静、冷却）は回復を助けるのではなく、遅らせるのかもしれない」と2014年に自身のホームページで述べています。

アイシングがケガの治癒を遅らせる原因として、Takagi（2011）は、血管が収縮して血流が滞るために炎症反応が遅延し、組織の修復が遅れることを挙げています。炎症は発赤、熱感、腫れ、痛みを伴うため厄介なものと思われがちです。しかし本来、炎症は、白血球が異物や損傷した組織を排除・修復しようとする防御反応であり、組織の治癒過程には欠かせないものなのです。たとえば、皮膚を爪でひっかくとすぐに赤くなりますが、これは血流が増えて炎症反応が起こり、皮膚を治し始めているのです。

ただし、このように書くとケガに対するアイシングが間違っていると受け取られてしまいますが、全く必要がないわけではありません。ケガをしたときにアイシングを行わないと、痛みや腫れがどんどん酷くなることをわれわれは経験的に知っています。つまり、アイシングを「むやみやたらと長く続けるから治癒を遅らせる」のであり、「適度な長さで行えば、過度な炎症を抑えて痛みや腫れを軽減することができる」のです。アイシングの時間について、ゲイブ・ミルキンは、「ケガの直後は痛みを軽減するのが最重要であるためアイシングを行うが、受傷から6時間以上を行う理由はなく、痛みが引いてくると同時に止める」と述べています。

指導者が教えてくれた情報が間違っているとわかれば、子どもたちは失望し、やる気を失くしてしまうでしょう。アイシングの是非の議論は、指導者が常識的な情報だからと鵜呑みにせず、よく吟味して正しい情報を子どもたちに提供することの重要性を教えてくれます。

5　持久走は激しさに耐えて根性で走り続けなくてもいい？

冬季の体育の授業では、必ず持久走が行われます。しかし、持久走は体育の中でも子どもたちが嫌いな運動の代表格であり、やる気になりにくい運動だと思います。一方で、この時期の持久走は「行うべき」というより、「行わなければもったいない」というエビデンスが明らかになっています。持久力を最も的確に表す最大酸素摂取量は、身長の伸びと並行して小学生の高学年から中学生にかけて激増しますが、高校生になるとほとんど増加しなくなります（図11・3）（吉澤 2002）。この知見は、小学生の高学年から中学生が持久力を劇的に高められる一生に一度の時期であることを示し、この時期に持久走を行わなければもったいないことを教えてくれています。

これほど重要な持久走に対して子どもたちがやる気になれないのはなぜでしょうか。それは、持久走の激しさと長さにあると思います。１９６０年代以降、アメリカスポーツ医学会をはじめとする多くの国際的な研究機関は、持久力を高めるための運動強度として、少なくとも最大有酸素性能力の70％以上が必要であることを提言してきました。その結果、「持久走は激しさに耐えて根性で走るもの」と認識され、そのつらさが子どもたちのやる気を奪っているのだと思います。

ところが近年、笑顔を保ち、おしゃべりしながらできる「にこにこペース（最大有酸素性能力の

50～70%)」でも、最大酸素摂取量を十分に高められることがわかってきました（森村・田中 2010）。また、持久走の継続時間についても、Debusk et al.（1990）は、持久走を30分間以上続けなくても、10分間程度を1日に3回行えば最大酸素摂取量を高められることを報告しています。これらの知見は、激しさを我慢しながら根性で長く走り続けなくても、「にこにこペース」の持久走を小分けにして10分間ずつ3回行えば、持久力を高められる可能性を示しています。

子どもたちに小・中学生の時期が一生で最も全身持久力が高まることを説明し、他者やタイムとの競争を優先しないように留意しながら、「にこにこペース」と「小分け」を活用することで、持久走に対するやる気を引き出せるのではないかと思います。

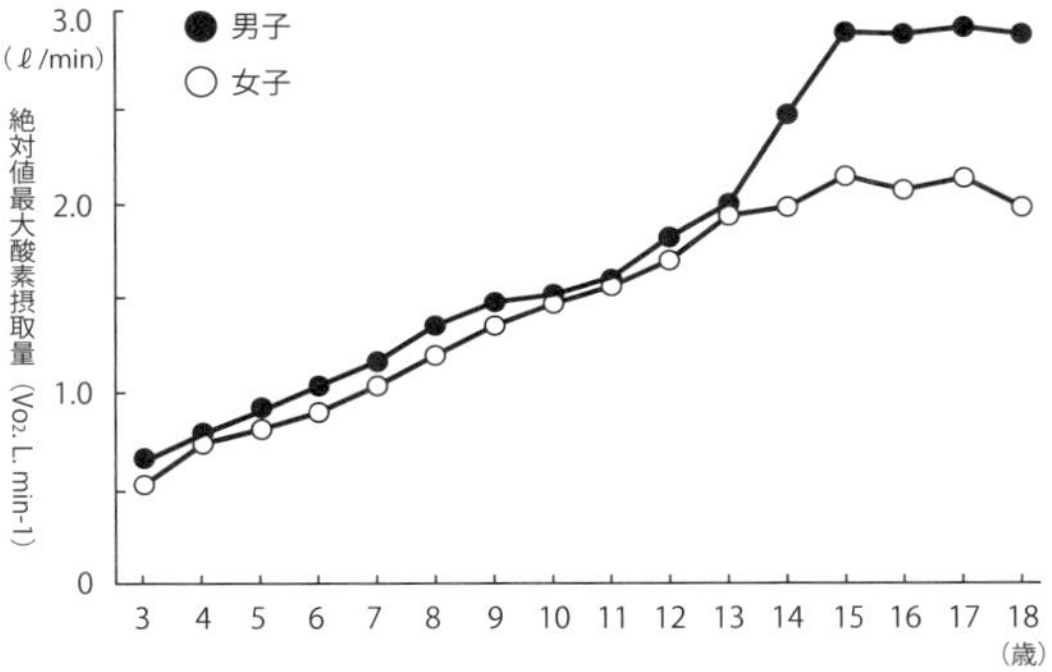

図 11.3　幼児及び青少年の最大酸素摂取量の発達（性差の検定を含む）

（出典）吉澤（2002：19）を筆者改変

6　エビデンスに基づいて指導しようとする姿勢がやる気を引き出す！

子どもたちは、指導者が運動・スポーツに精通しているはずだと考え、曇りなき目で信頼してくれます。したがって、指導者は、運動・スポーツに必要な心技体に関するエビデンスを習熟し、自身の経験と子どもたちの希望を融合させた指導を行う責任があると思います。ただし、スポーツ科学はいまだ万能ではないため、すべての指導にエビデンスを揃えることは難しいと言わざるをえません。こうした現状のなかで子どもたちのやる気を引き出すために重要なのは、指導者が刻々と変化していくスポーツ科学の知見を学び続け、自身の指導に一つでも多くのエビデンスを揃えようとする姿勢だと思います。たとえば、ＩＣＴ機器の進歩によって運動能力を数値化したり、動作を映像化することがかなり簡易になっており、指導者が少し手間をかければ、子どもたちを驚嘆させ、やる気を引き出すことができるのです。こうした指導者の情熱と知性を間近に見ることによって、子どもたちが「主体的に学ぶ」という最高のやる気を獲得できるのだと信じています。

エビデンスに基づく指導は子どものやる気を引き出す。

引用・参考文献

安部孝（2008）『トレーニング科学 最新エビデンス』講談社

伊藤章（2004）「「最速の走法」は存在するか」『科学』74（6）、702-706頁

奥裕好（2014）「筑波大研究チームの動画解析でわかった大谷翔平―投げて170km打って60発やれる」『FRIDAY』講談社、2014年7月25日発行、第31巻第27号、通巻第1649号、29-36頁

マイケル・J・オルター著、山本利春監訳（2010）『柔軟性の科学』大修館書店

川村卓ほか（2012）「時速150kmを投げる投手の特徴について、バイオメカニクス研究」『日本バイオメカニクス学会機関誌』16（1）、32-40頁

森村和浩・田中宏暁（2010）「持久走を向上させる〝にこにこペース〟の生理学」『体育科教育　特集 持久走・長距離嫌いをなくす』58（13）　14-17頁

山口太一（2011）「ウォームアップにおける各種ストレッチングがパフォーマンスに及ぼす影響」『トレーニング科学』23（3）、233-250頁

吉澤茂弘（2002）『幼児の有酸素性能力の発達』杏林書院

DeBusk, R.F. et al（1990）Training effects of long versus short bouts of exercise in healty subjects. *Am J Cardiol*, 65（15）：1010-1013.

Takagi, R. et al（2011）Influence of icing on muscle regeneration after crush injury to skeletal muscles in rats. *J Appl Physiol*, 110（2）：382-388.

KEY WORD
バイオメカニクス

第12章

スポーツバイオメカニクスの視点から子どものやる気を考える

国立スポーツ科学センター スポーツ科学研究部 副主任研究員
窪《くぼ》 康之《やすゆき》

1 やる気の源は何か

スポーツの魅力は、身体を動かすことそのものの楽しさ、それから競い合ったり協力したりして他人と関わりをもつ楽しさにあるといわれています。

もともと身体を動かすことが得意かつ大好きで、選手として活躍できそうな自信があってスポーツを始める子どもや、テレビで見たトップアスリートの超人的なプレーに感動して、「自分もあんなプレーをしてみたい」と思ってスポーツを始めるような子どもは、これらの楽しさについてすでに気づいています。そのため、少し乱暴な言い方ですが、放っておいても積極的にスポーツに取り組んでいくことでしょう。

しかし、運動経験の不足を補うために、学校の先生や保護者の勧めで半ば強制的にスポーツを始めるような子どもは、残念ながらスポーツの面白さをよく知らないまま取り組もうとしていることになります。そういった子どもにこそわれわれ指導者が働きかけて、スポーツ本来の魅力に気づいてもらいたいものです。

本章では、子どもにスポーツの楽しさを気づかせ、やる気を引き出すために、スポーツバイオメカニクスという学問領域の知見がどのように生かせるのかを考えてみたいと思います。

2 スポーツバイオメカニクスで何がわかるか

冒頭で述べたスポーツのさまざまな楽しさを享受するためには、それぞれのスポーツで必要とされる動作を身につけることが大前提となるでしょう。できなかった動作ができるようになり、それをさらに上手にできるようにすることで、記録が向上したり仲間と連携して相手チームに勝てたりするからです。だからこそ指導者である皆さんは、子どもによい動作を身につけさせる指導、すなわち技術指導に心を砕いておられることと考えます。スポーツバイオメカニクスは、そんなスポーツの楽しさの前提となる技術指導に貢献できる学問領域であるといえます。

スポーツバイオメカニクスでは、個別のスポーツにおけるよい動作とはどのような動作か、よい動作はどうすれば身につくか、といったような動作に関することを主な研究対象としています。

よい動作を明らかにするためには、一流選手の動作に着目するのが一般的です。一流選手は、一流選手同士でしのぎを削っていますから、体力・技術ともに、人とは違うものをもっていなくてはなりません。個性的でなければ勝ち残ることができないのです。したがって、動作も十人十色であるように見えます。しかしながらバラバラに見えるなかにも、一流選手の動作には共通した要素があります。その要素こそ、人間の身体の力学的な構造と機能とを有効に利用して課題を達成できる合理的な動作、すなわちよい動作と考えられます。

一流選手の動作の特長を解説したものは、古くから書籍として、近年ではウェブサイトなどで容易に手に入れられます。これらの多くは、選手自身あるいは指導者が長年の経験と思考に基づいて著したものです。もちろんこれらは貴重で有用な情報ですが、スポーツバイオメカニクスが提供する情報がそれらと異なるのは、一流選手の動作が「なぜよいといえるのか」について、力学的に説明が加えられている点です。力学的に説明するというのは、パフォーマンス（運動の成果）と動作、動作とその元となる力を一本の道筋として説明することです。

たとえば、20年ほど前までは、疾走動作は、できるだけ最後まで脚全体を伸ばし切って地面を蹴り進むことが重要であると指導されていました。ところが、世界の一流スプリンターの動作をよく調べてみると、地面を蹴るときに膝や足首は伸び切っていないことがわかりました（伊藤ら1998）。そして、接地中に膝を伸ばすような動作は下腿に後ろ向きの回転を生じさせてしまうため、身体を前に進めるうえではマイナス要因になることがわかり、膝は伸ばし切らないほうがよいことが説明されました。

さらに各関節まわりの筋力を調べたところ（阿江ら 1986）、地面を蹴った後に脚を前方へと振り出す股関節屈曲力が接地期後半から発揮されていること、つまり地面を蹴っているように見えるときには、すでに脚を前方に振り出す力が働いていたこともわかりました。これらの知見に基づき、疾走動作の指導においては、最後まで地面を蹴り切らないイメージ、先取りして素早く脚を振り出すイメージの重要性が広く認知されることとなりました。

以上のことからわかるのは、技術指導に用いられるイメージや言葉をより役立つものにするためには、一流選手に共通した動作を見つけ出すだけでなく、なぜそれがよい動作といえるのか、よい動作はどのような力発揮によって発現するのかを明らかにしておく必要があるということです。そして、これらの知見こそが、スポーツバイオメカニクスの研究成果なのです。

3 「わかる」から「できる」へ

スポーツの楽しさを享受するには、動作の習得が前提であり、習得すべき理想の動作やその力学的メカニズムは、スポーツバイオメカニクスの知見を活用することで理解が進むと述べてきました。しかし、ここまではあくまでもわれわれ指導者にとっての動作に関する理解の話でした。指導者にとって一番重要なのは、よい動作をどのようにして子どもに身につけさせるかということです。よい動作がどのようなものかわかっていたとしても、それができることと、できるようにさせることとは全く別の話です。

先の疾走動作を例にとると、「地面を最後まで蹴り切らず、脚を早めに前方へ振り出すことが重要」ということがわかっていました。われわれ大人はこの言葉が理解できますし、走るという動作の経験も豊富ですから、言葉の意味を考えながら何度か練習するうちに、自分の走動作を理想的な動作に近づけていくことができるでしょう。

しかしながら子どもは、言葉を扱う経験も運動経験も十分ではありません。スポーツの苦手な子どもならなおさらです。したがって、よい動作の情報を大人が言葉や身振りで示しても、それを受け取って自分の運動として再現することは、子どもにとっては非常に難しいことなのです。では、どのようにすれば子どもは、理想的な動作を身につけることができるでしょうか。その答えは、理想的な動作が発生しやすい環境づくりを行うことです。

地面を最後まで蹴っていたら走ることができないというのは、どんな環境かというと、例える

指導者は常に子どもの動作に注意を払い、よい動作の発現頻度が高まるような環境づくりを試行錯誤することが重要。

ならば下り坂です。あまりにも傾斜がきついとうまく走れませんが、わずかに下っている坂を走ってみましょう。そうするとどんどん加速して、平地では出せないようなスピードにまで達します。脚の前方への振り出しがだんだん間に合わなくなりますから、最後まで地面を蹴らずに、通常よりも早いタイミングで脚の振り出しを開始することになります。これは追い風のなかで走ったり、指導者が並走してわずかな力で背中を押してあげたりすることでも同様の効果があります。

こういった練習では、子どもは必死で環境に対応しようとしますから、まれによい動作が発現したとしても、自分でそれを実感することができません。そこで指導者が、「今の感じだよ。最後まで蹴らずに脚が出てきているよ」と教えてあげるのです。そうした試行錯誤のなかで少しずつよい動作の発現頻度が増えていき、自分の意識と動作とが合致し始めます。そしてある時、「なるほど！　こういうことか！」とわかる瞬間が訪れるのです。

読者の皆さんも、過去に同じような経験をたくさんしているはずです。それが「できるようになる」ということです。どうでしょうか、そのときの興奮はスポーツを通じてしか得ることのできない特別な感動の一つではありませんか？　私はこの「できるようになる楽しさ」をスポーツ固有の楽しさとしてもっと広く訴えたいと考えています。

以上のように、言葉の理解、言葉と運動との関連づけが未熟な子どもによい動作の発現を促すためには、環境づくりの工夫が必要不可欠です。先の疾走動作の例は、下り坂という少し特殊な環境を用いたものでしたが、新たな動作を引き出すための環境設定は、実際にはもっとささいなものであることが多いのです。たとえば鬼ごっこでは、フィールドを狭くして急加速や方向転換の必要性を高めたり、逆にフィールドを広くしてトップスピードで走る動作の必要性を高めたりするなどの設定が考えられます。いずれも、指導者のちょっとした工夫でできることです。

4 やはり基本は動作の観察

ここまで、スポーツにおけるよい動作とは一流選手の動作に共通する要素から導き出すものであること、そしてよい動作を子どもに身につけさせるには、さまざまな環境の工夫が重要であることをお話ししました。

この二点について、私はごく簡単なことのように述べましたが、常日頃から十分に行っていくのは非常に難しいものです。特別な調査の手法をもたない一般のスポーツ指導者が、独自に一流選手の動作の特長を調べ、よい動作を見つけ出すことはなかなか困難です。また環境の工夫といっても、どんな環境にすればどんな動きが身につくか、などということは、気軽に思いつくものではありません。そもそも正解があるものでもないのです。

しかしスポーツ指導者なら、さまざまな情報に触れて、よい動作とはどういうものか、なぜそれがよいとされているのかについて常に勉強することを怠ってはいけません。また、皆さんがスポーツを経験するなかで見てきた、さまざまなレベルの選手の動作を参考にしてみるのもよいでしょう。まずは、目標とする動作を明確にすることが重要です。

よい動作を引き出す環境づくりも、手の込んだ工夫をする必要はありません。フィールドの広さ、同時にプレーする子どもの数、運動に要する時間などを少し調整するだけで、子どもの動作は影響を受けます。重要なのは、常に子どもの動作に注意を払い、よい動作の発現頻度が高まるような環境づくりを試行錯誤することです。

そして、よい動作が発現したときには「それだ！」と声をかけてあげることです。指導者から気にかけてもらっている、できるようになればちゃんと認めてもらえる、できるようになると新たな目標が見えてくる――。これを繰り返すことがスポーツの楽しさの中心であり、子どものやる気を引き出すことにつながるといえます。

引用・参考文献

伊藤章・市川博啓・斉藤昌久・佐川和則・伊藤道郎・小林寛道（1998）「100m中間疾走局面における疾走動作と速度との関係」『体育学研究』43、260-273頁

阿江通良・宮下憲・横井孝志・大木昭一郎・渋川侃二（1986）「機械的パワーからみた疾走における下肢筋群の機能および貢献度」『筑波大学体育科学系紀要』9、229-239頁

KEY WORD
ICT機器

第13章

ICT機器の活用から子どものやる気を考える
―アスリートに学べ―

日本大学 文理学部 教授
水島《みずしま》　宏一《こういち》

1　ICTの活用状況

ＩＣＴとは「情報通信技術（Information and Communication Technology）」のことをいいます。とくに最近では、携帯情報端末（タブレットＰＣや、携帯電話など）が目覚ましい発展を遂げ、さまざまな場面でこの携帯情報端末が活用されています。

たとえばスポーツ場面などにおいては、少し前までは家庭用デジタルビデオカメラで撮影していましたが、最近では iPad などに代表されるタブレット端末（以下、タブレット）で撮影しています。また、超小型で身につけられるウエアラブルカメラで、自転車やスキー、スノーボードなどパフォーマーの視線（視界）から撮影し、その映像を YouTube などの動画共有サイトに投稿して仲間で情報を共有することができるようにもなっています。

　そして小型化の最たるものが、子どもから大人まで持っている携帯電話（スマートフォン）です。携帯電話でありながら撮りたいと思った瞬間に写真や動画を手軽に撮ることができ、さらにアプリを使えば、撮った写真や動画に文字や図を入れて加工し、友達に送ることも可能です。これにより、今までは研究者が実験室で高価な精密機器を駆使し、時間をかけて分析していたものが、家庭やトレーニング・教育現場などでも簡単に行うことができるようになり、子どもやアスリート、学習者に対して素早いフィードバックが実現可能になりました。

　このような小型化された汎用性の高い携帯情報端末を、スポーツ界が放っておくわけがありません。２０１０年のバレーボール女子世界選手権大会では、32年ぶりに銅メダルを獲得しました。じつはこの好成績の裏側にＩＣＴ機器の活用がありました。それは日本女子バレーボールチーム監督のタブレットを活用した試合展開です(1)。これは相

これまでは研究者が実験室で高価な精密機器を駆使し、時間をかけて分析していたことが、家庭やトレーニング現場、教育現場などでも簡単に行うことができるようになった。

手チームの戦術をビデオ分析して、そのデータをタブレットに送り、監督・選手が情報を視覚的に確認できるシステムを構築したもので、当時において、最新のコーチングツールでした。

現在、日本のトップアスリートたちは、普段から恒常的にＩＣＴ機器を取り入れて練習しています。とくに強化指定選手は、ナショナルトレーニングセンター（ＮＴＣ）からトレーニングツールとしてタブレットをレンタルされ、練習に役立てています。このＩＣＴ機器の活用によって、国立スポーツ科学センター（ＪＩＳＳ）が開発したＳＭＡＲＴシステム[2]をより便利に活用できるようになりました。このＳＭＡＲＴシステムは国別、階級別、個人別などにデータがまとめられ、観たい国や選手などの映像資料がいつでも、どこでも簡単に検索できるものです。

たとえば、柔道など対戦相手のある個人種目は対戦する相手を事前に研究したり、バレーボールのような集団種目は対戦相手のプレースタイルや選手の特徴を事前に研究したり、体操競技などの評定種目や水泳、陸上競技といった計測種目では、自身のさまざまな大会のパフォーマンスや優れた選手のパフォーマンスを研究したりすることが可能です。このようにＩＣＴ機器の活用は、スポーツ界にとってなくてはならないコーチングツールになっています。

ＩＣＴ機器の活用は、トップアスリートだけでなく教育界でも注目されています。文部科学省[3]と総務省[4]は、ＩＣＴ活用教育に関する検証授業を全国で実施しました。その結果、ＩＣＴ活用教育によって授業がよりビジュアル化されて理解しやすく、子どもたちが楽しむことでより高い学習効果の獲得につながることがわかりました。その反面、ＩＣＴ環境整備における地域間格差や学校間格差、ＩＣＴ活用指導力格差など、ＩＣＴ教育には問題点も多くあります。しかし、ＩＣＴ機器の活用によって体育やスポーツ実践に効果をもたらすことは、先述したことからも容易に想像できるでしょう。このように今やＩＣＴ機器は、日常生活やスポーツ、教育などさまざまな場面で活用されています。

2 アスリートの観る力

「みる」を「観る」と記したのは、ただ単にみるのではなく、「どうしてできないのか」や「どうすればこの選手のようにできるのか」といった動きに対して、問題意識をもって動きを観察しているからです。

トップアスリートは今、自身が行った動きを他者に対して詳細に報告することができます。そのためには、自身を客観的にみることと、動いている身体の感じを認識する能力とが必要です。トップアスリートは自身の動きを、目や筋肉、皮膚、骨といった視覚や触覚、聴覚などの運動覚分析器を通して、今、自分の身体がどのような状態になっているのか、自身の身体の内面を感じ取ることができます（自己観察）。さらに、他者の動きにおいても自己観察同様に、自身が動いているかのように感じ取ることができます（客観観察）。

この観察力は簡単に身につくものではありません。習得しようとする運動を意図的・意識的に行い、運動中の自身の身体の感覚に気がつかなければ、身につけることができません。つまり、トップアスリートは自身の動きに関してさまざまな情報を備え、そして観察することで、必要な情報とそうでない情報とを取捨選択できる（金子 1987）能力を有しているからこそ、タブレットのようなＩＣＴ機器を介して映し出された客観的情報であっても、その情報から身体の内省情報を感じ取ることで、効果的に活用できるわけです。

3　ＩＣＴ機器を活用する目的

ＩＣＴ機器は、一般の人でもトップアスリートたちと同じように効果的に活用できるのでしょうか。朝岡（2012：36）はデジタル教材の活用によって、学習者自身の「『動く感じ』の内省がなおざりにされてしまう」と指摘しています。これは、ビデオ画面に映った人間の運動現象を客観的運動として捉え、形のみを真似てしまい、動きの感じを意識しなくなることを危惧しているからです。しかし運動の苦手な人の多くは、トップアスリートのように自身の動きをイメージすることができません。つまり、今、自身がどのように動いているのか、どんな形になっているのかが、自身が能動的に動いているにもかかわらず、その情報を全く得ることができないのです。

では、どうすれば自身の動きの情報を得ることができるのでしょうか。ここで役に立つのが、タブレットやスマートフォンなどのＩＣＴ機器です。このＩＣＴ機器で自身や友達の動きを撮影して観ることで、運動の苦手な人は、自身の動きの情報を詳細に観察することはできませんが、撮影した映像から自身がどのように動いていたのかを客観的に確認することはできます。運動の苦手な人であっても客観的に自身の動きを把握できることで、正しい動きに比べて何が違うのか、他者を介してではなく、自分自身で客観的に確認することができるわけです。

人間は、何か運動を覚えようとするとき、その運動を見様見真似で覚えていきます。つまり、自身の動きをイメージできない運動の苦手な人であっても、ＩＣＴ機器を活用することで、客観的にその運動の動きを確認することができ、手段としての運動習得の可能性につながるわけです。

以上のように、運動の苦手な人はトップアスリートのように自身の動きをイメージすることができませんが、ＩＣＴ機器を活用して自身の動きを客観的に確認することで、自身の動きを確認できない場合に比べ、効果的に運動を習得する可能性を高めることができるようになります。

4　ICT機器を活用する指導者側に求められること

ここまで述べたように、トップアスリートはもちろん運動の苦手な人であっても、ＩＣＴ機器を活用することによって、客観的に自身がどのように動いているのかを明確に知ることができ、その結果、能動的な活動を助長することが可能になると考えられます。この能動的な活動をさらに手助けするためには、運動を指導する側が運動に対してある程度の知識を有していなければなりません。

　われわれは通常、運動を覚えるときは、見本の動きを真似ることから始めます。その見本となる動きの映像は、現在では指導書以外にインターネットなど、さまざまなところから入手可能です。そして指導する側は、入手した映像の動きを何度も観て、どうすれば効果的に運動を習得させることができるのか、その動きを分析したり、情報収集したりしなければなりません。指導者は、撮影した映像にどのような原因があるのか、問題意識をもって観察しなければ、効果的に運動を習得させるための情報を得ることができません。

　つまり、ＩＣＴ機器を活用する指導者側にも運動を観察する能力が求められるというわけです。この能力は、プロのコーチや大学の指導者なら当然身につけていなければならない能力ですが、地域スポーツを支えるボランティア指導者や小学校や中学校、高校の教員や子どもの保護者にこの能力を求めるわけにはいきません。しかし、正しい動きの形を知ることは、動きを覚えさせるうえで必須です。先述しましたが、人間は覚えたい動きを真似ることから始めます。つまり、運動の習得は動きの形の模倣から始まることになります。

ＩＣＴ活用教育によって、授業がよりビジュアル化されて理解しやすくなり、また子どもたちが楽しむことで高い学習効果の獲得につながることがわかっている。

尼ヶ崎（1991：184）は「模倣とは同じものを作ろうとする操作活動だが、『なぞり』とは自ら同じものに成ろうとする反復活動なのだ」といっています。さらに、「『形』の模倣と『型』の習得とは別のことであるが、両者は無関係ではない。『型』が身についていなければよい『形』（フォーム）はできないし、『形』の模倣を通して心身体勢を内部から『なぞる』ことができた時、初めてその『型』が理解されるのである（「なるほど、これか」と腑に落ちる、つまり身体で納得する）。そしてこの『型』をいつでも自身の身体に呼び起こすことができるようになって初めて『型』が身についたと言い得る。『形』の模倣は必ずしも『型』のなぞりではないが、『形』の模倣を通じるほか『型』を身体で理解する道はない。そこで入門者はとりあえず『形』の模倣から始めるわけである」ともいっています（尼ヶ崎 1991：186）。なお、「形」とは目に見えたり耳に聞こえたりするなどといった、ある程度形式的に示すことができるものを指しています。

プロのコーチや大学の指導者のような運動指導の専門家ではない保護者などは、まず子どもが覚えたい正しい運動の形を知り、その運動に興味・関心をもたせるように仕向けることが大切です。そうすることでその運動を反復練習するようになり、正しい形に近づけることができるからです。その練習過程で大切なのは、間違った動きを練習しないことであり、その練習過程で役立つのがＩＣＴ機器なのです。

教える側は、正しい動きの情報収集とその情報をＩＣＴ機器へ保存すること。そして、運動を覚えようとする実施者と一緒に考える協力者として活動することが求められます。

5　理想のＩＣＴ機器活用

ＩＣＴ機器は、正しい動きやその関係情報を事前に保存することができ、また、実施者の動きの撮影と保存もできます。実施者の動きを適宜撮影して保存することにより、動きの変容を知ることができ、正しい形に近づいているのかどうか確認できます。今まで運動の苦手な人は、どのように動いているのか、どんな形になっているのか、自身の動きに関する情報を全く得ることができませんでした。しかし、ＩＣＴ機器を活用することで自身の動きを確認できるようになり、さらに正しい動きの情報までも得ることができるようになりました。

座学の場合、頭で理解することができ、鉛筆を持つ能力と文字を書く能力を有していれば、ある程度の問題を解くことができます。これに対して運動を覚える場合、頭で理解したところで、自身の身体がどうなっているのかわからないことが、運動の習得を難しくしていたと考えることができます。

ところが、目覚ましい発展を遂げたＩＣＴ機器を活用することによって、運動を学習するうえで重要な視覚情報を得ることができます。わからなかった自分自身の動きを客観的に確認できることで、やる気をもって主体的に運動学習を進めることが可能になります。さらに指導者だけでなく保護者でさえも、正しい動きと実施者の動きとの形の違いについて明確に確認でき、今までできなかった助言や、ＩＣＴ機器の画面を一緒に確認して意見交換までもできるようになります。

このように、自得になりがちな運動学習も、ＩＣＴ機器を活用することで主体的、協働的な活動、すなわちやる気のある活動にすることができるのです。

注

（１）「iPadと動画が変えた戦術　女子バレー飛躍の舞台裏」『日本経済新聞』電子版　http://www.nikkei.com/article/DGXNASFK0803L_Y1A800C1000000/（2015.10.11アクセス）より。
（２）ＳＭＡＲＴシステムについて　http://ntcspiral.web.fc2.com/athlete/winter/images/smart-system.pdf（2015.10.11アクセス）より。
（３）「学びのイノベーション事業実証研究報告書」（http://www.mext.go.jp/b_menu/shingi/chousa/shougai/030/toushin/1346504.htm）より。
（４）「教育分野におけるＩＣＴ利活用推進のための情報通信技術面に関するガイドライン（手引書）2013」（http://www.soumu.go.jp/main_content/000218505.pdf）より。

引用・参考文献

金子明友（1987）「運動観察のモルフォロギー」『筑波大学体育科学系紀要』10、１１３-１２４頁
朝岡正雄（2012）「デジタル教材の登場で問われる教師の力」『体育科教育』５月号、大修館書店、34-37頁
尼ヶ崎彬（1991）『ことばと身体』勁草書房

KEY WORD
リスク・マネジメント

第14章

子どものやる気を引き出すためのリスク・マネジメント

名古屋大学大学院 教育発達科学研究科 准教授
内田《うちだ》 良《りょう》

1 安心して取り組めるスポーツ活動

子どもが意欲をもってスポーツ活動に取り組めるようにするには、どうするべきでしょうか。その答えの一つとして、たとえば練習方法にゲーム的要素を入れ込んで、練習を楽しくするという方法が考えられるでしょう。これは、スポーツの魅力を高めようとするもので、スポーツのポジティブな側面に着目した方法です。

その一方で、本章で考えたいのは、スポーツのネガティブな側面に目を向けるという方法です。つまり、重大事故や過酷な練習に着目し、それを低減させることに主眼を置きます。重傷、障害、死亡といった重大事故と、心身を摩耗させる練習や暴力を伴う指導とを、スポーツの指導現場からできるだけなくすことにより、子どもが安心してのびのびとスポーツに取り組めるようにするのです。すなわち、リスク・マネジメントの推進を通して、子どもの意欲を高めていくのです。

ところで皆さんは、「全国柔道事故被害者の会」という柔道事故の被害者団体をご存じでしょうか。2010年3月に設立された、日本で唯一の、一つの競技に特化された被害者団体です。

学校管理下では1983~2011年度までに、柔道で計118件の死亡事故が起こりました。同会は、事故の再発防止を願って立ち上げられました。柔道そのものを非難することはなく、柔道を、より安全により楽しいものにしようと啓発活動を進めてきました。

初期代表に私がインタビューしたとき、代表は次のように語ってくれました。

「家族はね、息子や娘が柔道頑張るぞっていうことで、毎日子どもを送り出してきたわけです。『柔道はいけないものだ』という結論を出してしまったら、私たちってね、親として救いがなくなってしまうんですよ。むしろ柔道は、子どもをすくすくと育ててくれるスポーツとして広まっていけば、親としては救われる。成績がよかった、勝った、そういうことより、柔道をやって成長していってくれれば、それでいい」(詳細は拙著『柔道事故』河出書房新社)。

子どもが自分のやりたいことをスポーツに見いだしたのだとすれば、それを大事にしながら、スポーツ環境を整えることが大人の責務という考えです。子どもの意欲が重篤な事故によって途絶えてしまうことのないよう、私たち大人は、リスク・マネジメントを推進しなければならないのです。

2　スポーツにケガはつきものか？

２００1年、国際的に定評のある医学雑誌『*British Medical Journal*』は、〝accident〟という言葉の使用を禁じました。「accident とはしばしば、予測できない、つまり偶発的な出来事または神の仕業であり、それゆえに回避できないことと理解されている。しかし、たいていの傷害や突然の出来事というものは予測可能であるし、防御可能である」(Davis & Pless 2001) というのがその理由です。

なるほど英和辞書を見てみると、accident という語は、「不測の出来事」「偶然の出来事」という意味です。予測も回避もできないというのが accident であり、これからはそうした発想を捨てて、事故は防げるという立場から、事故に向き合うべきということが主張されたのでした。

私はこれまで、事故防止の啓発活動のなかで、「スポーツにケガはつきものだ」という意見に何度も出合ってきました。スポーツの指導者からも言われたことがあります。過日、ある学校の養護教諭の先生にこのことを話したところ、その先生も、事故防止の重要性を訴えると、保健体育の先生から「ケガはつきものだから、うるさく言わないでほしい」と言い返されることがしばしばとのことです。

スポーツで身体を積極的に動かすからには、当然のこととしてケガが起きる危険性は高くなるでしょう。「ケガはつきもの」というのは、確かにその通りです。しかし、そう言ってしまっては、もう何も進みません。対策は何も立てられることなくケガの事例は放置され、その結果、実際にケガが繰り返されます。ケガはなぜ起きるのかといえば、「ケガはつきもの」と諦めてしまうからです。そしてそのうちのいくつかが、不幸にも重大事故に帰結してしまうのです。

3　柔道界の改革実る

柔道事故が社会問題化した当初、「柔道でケガをするのは仕方ない」という声が多く聞かれました。確かに柔道はコンタクトスポーツであり、しかも投げ技があります。ケガのリスクは高いでしょう。だからといって、諦めてはならないのです。実際に、柔道事故のデータからは初心者が頭部を損傷しやすいことが見えてきて、脳振盪《しんとう》を含む頭部外傷の予防に関する議論が活性化しました。

たとえば、大外刈りは従来、初心者向けの技として紹介されていました。技がかけやすいことに加えて、受け手の足が地面についているから身体が安定しているということがその理由でした。しかし、重大事故のデータを読み解くと、大外刈りをかけられて後頭部を畳に打ちつけていることが見えてきました。こうして指導者の研修の場では、大外刈りをはじめとする頭部への外傷が生じやすい技について、注意喚起がなされるようになりました。

また、頭部外傷の繰り返しが致命傷になることも知られるようになりました。急性硬膜下血腫のような血腫が確認された場合はもちろんのこと、めまいや頭痛、吐き気など脳振盪の症状が確認された場合にも、安易に競技復帰をしてはなりません。これは、柔道に限らない、スポーツ競技全体の課題でもあります。脳振盪後に気力を振り絞って競技を続行しようとする選手の姿に、私たちはこれまで拍手を送ってきましたが、今日、そうした態度には反省が迫られています。実は、柔道事故の報道がピークを迎えた２０１２年以降、柔道では３年続けて死亡事故が発生しませんでした。そして中学校では、12年度から武道が必修化され、事故の多発が懸念されましたが、図14・1に示したように、事故は増えるどころか減少傾向にあります。

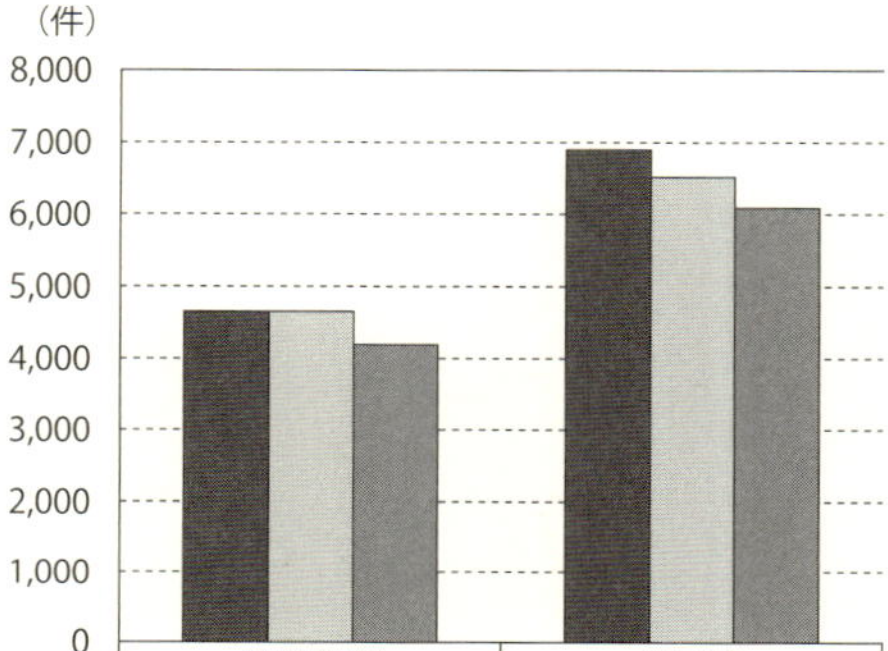

	保健体育	部活動
2011	4,581	6,917
2012	4,590	6,500
2013	4,169	6,098

図 14.1　中学校の柔道における負傷事故件数
（出典）日本スポーツ振興センター『学校の管理下の災害』各年版に掲載されている数値をもとに，著者作成。

全日本柔道連盟『柔道の安全指導』の巻頭言を見てみると、２００６年版では、重大事故の「原因はほとんどが不可抗力的なもの」とみなされていました。不可抗力、つまりケガは起きるものだという考えです。しかし、２０１１年版ではそうした態度はすっかり消えました。「頭部・頸部のケガ」が「重大事故に直接結び付くと考えら

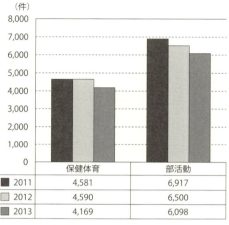

れる」とされ、その発生機序や予防策に多くのページが割かれています。「もしかして防げるかもしれない」という発想から、事故の実態に向き合うこと――、それが負傷から死亡まで、事故を抑制することにつながるのです。

「ケガはつきものだ」といって子どもの安全から目をそらさずに、頭部外傷を含めた心身の安全に配慮することで、子どもは安心してスポーツ活動に専念することができます。柔道事故の改善を一つの成功例として、私たちはリスク・マネジメントの重要性を認識しなければなりません。

4　部活動の練習に一休みを

子どもが安心してスポーツに取り組むためのもう一つの条件が、過酷な練習からの脱却です。どうにも私たちは、過酷な練習やさらには暴力的な指導を美談にする傾向があります。厳しい練習やビンタのおかげで強くなれた、という発想です。

ある年輩の指導者が、「自分が若い頃は、子どもに対して厳しくあたっていた。でも、今は時代が違う。そんなことをしていたら、子どもはスポーツ嫌いになってしまう」と言っていました。これからはもう、根性論の時代ではありません。心身をいじめ抜いた先にスポーツの神髄があるという考えから、私たちは脱却しなければなりません。そして、安全・安心を第一に、指導にあたらねばなりません。

しかしながら、たとえば学校の部活動を見てみると、まだまだ過剰な練習が行われているようです。平日5日間はもちろんのこと、土日や祝日も部活動があるのが当たり前。さらには、お盆休みやお正月休みにまで部活動を入れているところもあると聞きます。

図14・2は、神奈川県が運動部活動に関して2013年に行ったアンケート調査（「中学校・高等学校生徒のスポーツ活動に関する調査報告書」）で、「1年間のある時期に活動しない期間を設けること」の是非を問うたものです。それに対して「よいと思う」と回答した者の割合は、中学生と高校生ではおおよそ7割に達します。他方で、教員と校長、さらには保護者の「よいと思う」の回答は、いずれも2割を切っています。外部指導者においては4％です。生徒はまとまった休みが欲しいけれども、大人たちがそうさせていないのです。

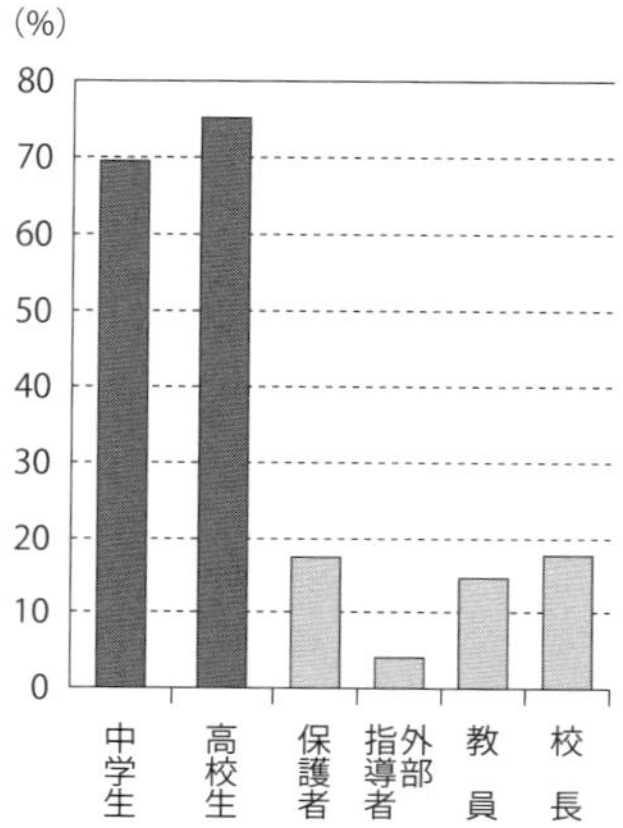

図 14.2　1 年間のある時期に「活動しない期間を設けること」を「よいと思う」と回答した者の割合
（出典）神奈川県，2013 年調査

ここまで子どもの自由を奪ってしまっては、運動することの意欲が失せてしまうかもしれません。単純に練習の日数や時間数が多ければ多いほどよいという発想は、捨て去るべきです。むしろ、限られた日数や時間のなかで、いかに運動部活動を充実させることができるか。オンとオフとをうまく切り替えながら、どのようにして力を高めていくことができるのか。スポーツ科学の知識も取り入れながら熟慮することが大切です。

5　外部指導者に任せて大丈夫？

このところ学校現場では、部活動指導における外部指導者の活用が進んでいます。この点について私が気がかりなのは、外部指導者の導入によって、練習の過酷さが増してしまうのではないかということです。今のところ教育行政においては、外部指導者は子どもの指導によい影響をもたらすはずだという前提が共有されています。

しかし外部指導者は、保護者や地域のスポーツ指導者、退職教員、大学生などさまざまな人材から構成されています。したがって、その専門性も指導力も、実に多様です。子どもの安全・安心を最優先に考えてくれる力量の高い指導者もいれば、他方で旧来の根性論的な指導

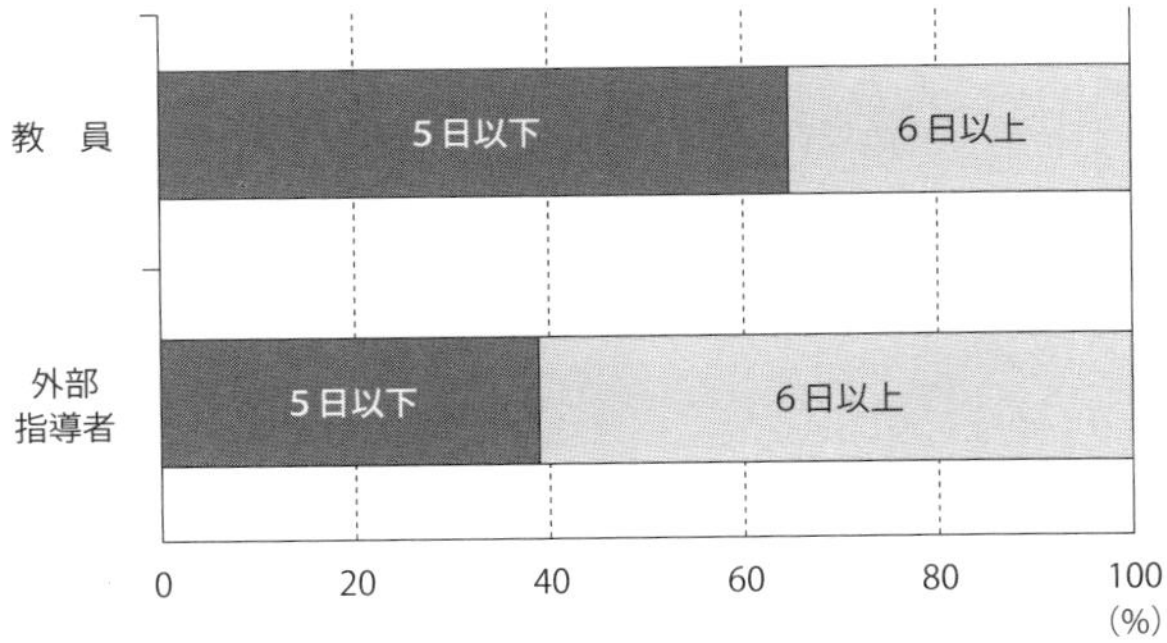

図 14.3　運動部における１週間当たりの適切な活動日数
（出典）図 14.2 に同じ

をよしとする指導者もいることでしょう。

先ほどの神奈川県の調査に目をやると、図14・3に示した通り、運動部に関わる教員と外部指導者との間で、部活動の理想的な指導日数について大きな違いがあります。1週間のうち「6日以上」と答える者の割合は、教員よりも外部指導者のほうが高いという結果です。なお、平日1日当たりの適当な活動時間数についても、同様の結果が得られています。外部指導者は、より長く、より多くの日数の練習を志向しています。

子どもが安心してスポーツ活動に取り組めること、これが子どものやる気を引き出すためのとても重要な条件です。因習を捨て去り、リスク・マネジメントをベースにした新たな価値観の下で、子どもの未来を考えていく必要があります。

引用・参考文献

Davis, R. M. and B. Pless (2001) BMJ bans “accidents”: Accidents are not unpredictable. *British Medical Journal*, 322 : 1321–2.

KEY WORD
運動部活動

第15章

運動部活動で子どものやる気を引き出すには？
――「自治」と「内発的動機づけ」との関係――

関西大学 人間健康学部 教授
神谷《かみや》 拓《たく》

1 「やる気」と自己決定

本章では運動部活動を研究してきた立場から、子どもの「やる気」を引き出す原理や方法について解説していきたいと思います。

運動部活動の指導者からは、「あの子は『やる気』がある」「『やる気』が足りない」などといったフレーズをよく聞きます。しかしそもそも、このような場合の「やる気」とは何を意味しているのでしょうか。

心理学では、「やる気」や「意欲」のことを動機づけと呼び、なかでもスポーツの活動それ自体を目的とするようなものを、「内発的動機づけ」といっています（その一方で、賞金や賞品を得たいなど、スポーツ以外の外的な目的を達成するようなものは「外発的動機づけ」といいます)。多くの指導者は、子どもがスポーツをすること自体の喜びや面白さを体験し、自ら取り組むようになってほしいと願っています。つまり、「内発的動機づけ」を期待しているといえるでしょう。

では、どのようにしたら実現できるのでしょうか。アメリカの「内発的動機づけ」研究の第一人者であるエドワード・デシは、その条件の一つに自己決定(自己選択)を挙げています。彼は自著『人を伸ばす力　内発と自律のすすめ』(デシ&フラスト 1999)において、次のように述べています(以下、ページ数のみの表記は同書からの引用)。

「ポイントは、意味のある選択が自発性を育むという点にある。人は、自ら選択することによって自分自身の行為の根拠を十分に意味づけることができ、納得して活動に取り組むことができる。同時に、自由意志の感覚を感じることができ、疎外の感覚が減少する。しかも、もし選択の機会が提供されるならば、人々は自分たちが一人の人間として扱われていると感じる」(45)

つまり、自分(たち)で決めたことだから意欲的に活動できる、と述べているのです。私も、これまでの運動部活動の研究で、このような自己決定を重視し、それを「自治」と呼んできました。そもそもスポーツやクラブの指導において、自己決定や「自治」は必要不可欠です。スポーツの語源を探ると、遊びとか気分転換などといった意味にたどり着きます。いうまでもなく、遊びや気分転換は強制されるものではありません。クラブに関しても同様であり、社交、お金を自分たちで出し合うこと、規則に基づいて運営される集団、といった意味があります。これらの語源からも、

「自治」はスポーツクラブや運動部活動にとって、なくてはならない"栄養素"だということができるでしょう。同時に、体罰や暴言などで自己決定や「自治」を奪うのは、「内発的動機づけ」の障害になるばかりか、スポーツとクラブとを根底から破壊する行為なのです（神谷 2016：31－33）。

2　何を自己決定させるのか？

では、運動部活動において、どのような自己決定の場面があるのでしょうか。一つは、実際に身体を動かしてプレーしている場面の自己決定があるでしょう。サッカーであればパス、シュート、ドリブルといった技能の選択がありますし、あるいはどの空間（人）にボールを移動させるのかというスペースの選択もあります。試合では限られた時間で、無数の選択肢のなかから最善の自己決定を積み重ねていくのであり、練習はそれを鍛える場ともいえます。ですから、指導者が練習でプレーヤーに「やる気」「内発的動機づけ」を期待するのであれば、「どのような自己決定や判断を鍛える練習なのか」を説明し、理解させる必要があるでしょう。

いい方を変えれば、プレーヤーに「やる気」がないと感じたときには、「何を選択・自己決定すればよいのかが、わかっていないのではないか？」と疑ってみる必要があります。ミスをしたときにも、そのほかにどのような選択肢・自己決定があり得たのかを考えさせたり、気づかせたりするような働きかけが必要です。さらに、「やる気」「内発的動機づけ」を高めるうえで重要なのは、練習計

表 15.1　雪合戦クラブの立ち上げから大会参加までに必要とされた「自治内容」

①〈練習・試合〉……みんなでうまくなり、みんなが合理的にプレーできる ・ルール・戦術会議（学習）　・目標・方針・練習計画の決定 ・対戦チーム・メンバーの選定　・プレーの撮影・分析 ・出場大会の選定　・選手・ポジションの決定
②〈組織・集団〉……みんなで参加して運営する ・クラブ・チームの名称を決める ・クラブ・チームに必要な人を集める（指導者などの専門的な人材を選ぶ） ・役割分担（代表者・キャプテン、監督、大会申し込み係、審判係、用具係〔買い出し、擬似雪玉・旗の製作〕、渉外係〔外部との交渉〕、交通係、ルール・作戦検討係、日程調整係、ビデオ撮影係など）
③〈場・環境〉……みんなで平等に場・環境を整備・管理・共有する ・練習・試合・ミーティングの日程、時間、場所の決定・確保 ・経費の計上・管理・捻出　・用具の準備・管理・購入 ・交通手段などの検討 ・場・環境のシェア・共有（一つの施設を複数で使う場合において、どのようにすればシェア・共有できるのか。施設の空いている時間帯を調べるなど）

画の決定にプレーヤーを関わらせることです。つまり、自分（たち）に足りない部分をプレーヤー自身に考えさせ、それをカバーするような練習を計画させるのです。

ほかにも、運動部活動やクラブを運営していくうえで、さまざまな自己決定の場面があります。表15・1は、私の研究室で「雪合戦クラブ」を立ち上げてから、大会に参加するまでの過程で生じた課題（「自治内容」）を整理したものです（神谷 2015：233）。①練習・試合、②組織・集団、③場・環境に関わって、さまざまな意志決定の場面があることに気づくでしょう。同時に、私たちが運動部活動やスポーツクラブの指導において「やる気」「内発的動機づけ」を期待するのであれば、これらの決定場面にプレーヤーをどれだけ関わらせているのかが問われることになります。自分（たち）で決めたことだから意欲的に活動できるという「内発的動機づけ」の原理に基づけば、プレーヤーに適切な情報を提供しながら、できるだけ多くの自己決定を導いていく必要があるのです。

3　どのように自己決定させるのか？

　次に、どのようにして自己決定を引き出していくのかについて考えてみましょう。たとえば表15・2（神谷 2016：80）のような形で、指導者（運動部活動でいえば教師）が解決していること、プレーヤー（子ども・部員）が解決していること、そしてそれら以外の人（保護者など）が解決していることを書き出してみましょう。この作業によって、部やクラブ全体で、どのような課題と決定場面があるのかを確認できます。指導者からすれば、ここで書き出された決定場面は、プレーヤーの「やる気」や「内発的動機づけ」を高めるチャンスでもあります。

　そして、このようなリストに基づき、指導者はプレーヤーの発達段階などを踏まえて、どのような課題

表 15.2　2016 年野球部年度末ミーティング（総括）

	部員が決めたこと・行ったこと	教師が決めたこと・行ったこと	保護者にお願いしたこと
練習・試合	・練習計画を立てた ・試合の反省会 ・サインプレーの学習会	・練習運営の方針 ・レギュラーと補欠（キャプテンと相談） ・ポジション（キャプテンと相談） ・プレーの撮影	
組織・集団	・キャプテンを決めた ・係と係のリーダーを決めた（場・環境の係を統括する係は決めていない）	・組織・集団運営の方針 ・外部指導者の依頼 ・会計係	
場・環境	・年間スケジュール（時間・休養日） ・グランドの整備 ・用具の数の確認 ・練習試合の申し込み	・場・環境に関わる方針 ・部費の管理 ・大会のエントリー ・学外の施設予約 ・用具室の管理 ・用具の購入手続き	・試合の応援 ・車での用具の運搬 ・~~試合での差し入れ~~

であれば彼らの自己決定に委ねることができるか、反対に現時点では委ねられそうにないかを考え、それぞれの課題を整理して表15・2のように矢印で移動させていきます。

運動部活動の例でいえば、プレーヤーである部員が解決できない課題は、教師が課題解決の権利をもち、反対にプレーヤー自身が解決できそうな場合は、解決の権利を委託すると捉えます。そのような指導を「管理権の委託」ということもあります。もう少し砕けた言い方をすれば「管理権の綱引き」でもよいでしょう。指導者である教師は、プレーヤーに解決できそうな課題を委ねてみて、ダメな場合（危険が予見できた場合も含む）は、教師の手元に解決の権利を取り戻すのです。

このような指導をするためには、表15・2のような方法で、これまでに部やクラブで生じた課題と、それを誰が解決してきたのかを振り返るとともに、これからどのような自己決定を促していくのかの「見通し」をもつ必要があります。

なお、表15・2を作る作業は、指導者とプレーヤーとで一緒に取り組むこともできます。それによって、プレーヤー自身が運動部活動・スポーツクラブの運営における決定場面の全体像を確認することができ、自分たちの決定が部・クラブ全体のどの部分に位置づけられるものなのかを理解できます。「なんのための決定なのか」「決定がどのような意味をもつのか」を理解することが、「やる気」「内発的動機づけ」を高める契機になるのです（208-209）。

とりわけ、スポーツの主人公を育てることを目的とする学校の運動部活動では、表15・1と表15・2にある場・環境の「自治内容」までを子どもに経験させたいところです。それは、スポーツをするうえで欠かせない土台の部分である、〝カネ・ヒマ・バショ〟の課題を自分たちで解決する経験をしていないと、学校を卒業した後にスポーツを続けることが期待できないからです。周知の通り、学校を卒業して自分たちでスポーツを続けていこうと思ったら、学校のような恵まれた条件で活動できるのはまれであり、場・環境に自ら働きかけていくことが求められます。そのため、この部分の管理権をどのように委託していくのかが、運動部活動実践の課題とされています。

4　自己決定を阻むものは何か？

これまで自己決定とプレーヤーの「やる気」「内発的動機づけ」との関係や、それを実現するための指導について解説してきました。しかし実際には、このような指導を阻む障害もあります。その問題にまで視野を広げて、章を閉じることにしましょう。

まず、運動部活動でいえば、競技成績が内申書・調査書に記載され、進学の際に評価されてきたことがあります。その結果、勝敗に至るまでのプロセスが軽視されるようになり、勝利だけが目的となるような勝利至上主義の問題が発生してきました。もちろんスポーツに勝敗はつきものですから、それを否定することはできません。問題は、表15・1や表15・2で記した「自治」のプロセスにあるような、勝利と同時に追究すべき具体的な取り組みや価値が、見落とされてきた点にあります。これは「やる気」や「内発的動機づけ」にとっても無視できない要因です。デシが述べるように、「子どもや運動選手を競争でがんばるよう動機づけようとして統制的になることが多く、すでに自然にもっている動機づけを妨害することになりがちである」（93）からです。本来であれば「競争は人々に自分自身がどのくらい能力があるかをテストし、その能力を高める機会であり、その過程を楽しむもの」なのですが、「勝利へのプレッシャー」がそれを阻むのです（94）。

同様のプレッシャーは、子どもだけでなく指導者にも向けられてきました。たとえば、進学を有利にしたい保護者から指導者に「勝利へのプレッシャー」がかけられ、それが管理的・統制的な指導につながってきました。また、現状の運動部活動が参加する対外試合は、多くの場合リーグ戦ではなく、一度負けたら次の試合が保証されないノックアウト・トーナメントで開催され、順位づけされていきます。そのシステムにおいては、一試合でも多く続けるために、子ども・プレーヤーの「自治」よりも、指導者による統制が強くなる一面があります。つまり、保護者の「勝利へのプレッシャー」とともに、現状の対外試合のシステムが指導者にプレッシャーをかけているという見方もできるのです。

しかしデシが述べるように、「圧力をかけられるほど教師は管理的になり、そのことは…（中略）…生徒の内発的動機づけ、創造性、概念的理解を低下させてしまうというパラドックスを生み出すのである。教師が成果を得るよう無理強いされるほど、大切な成果が得られなくなる」（219）という問題がありました。すなわち「教師、親、管理職などの上の地位にいる人自身が、自律性を支援されなければ、彼らの生徒や子どもや部下の自律性も効果的に支援できない」（219）のであり、運動部活動やスポーツクラブにおいて子どもの「やる気」「内発的動機づけ」を高めるうえでも、指導者を取り巻く環境・構造にまで視野を広げておく必要があるのです。私の言葉で述べるならば、教師・指導者が「自治」の経験をせずして、子ども・プレーヤーに「自治」の指導はできず、「やる気」や「内発的動機づけ」も期待できないということです。そのため、スポーツ指導に関わる皆さんには、運動部活動・スポーツクラブにおいて「自治」や「自己決定」を追究するとともに、それを阻む構造にまで視野を広げて、子どもとともに一つずつ課題を解決していく姿勢が求められるのです。

〈付記〉本稿は、科学研究費補助金・基盤研究(C)「地域スポーツクラブの教材化―体罰の克服に向けたスポーツ教育学的アプローチ―」(課題番号 15K01546、研究代表者：神谷拓)における研究成果の一部である。

引用・参考文献

神谷拓(2015)『運動部活動の教育学入門　歴史とのダイアローグ』大修館書店
神谷拓(2016)『生徒が自分たちで強くなる　部活動指導「体罰」「強制」に頼らない新しい部活づくり』明治図書
エドワード・L・デシ&リチャード・フラスト著、桜井茂男監訳(1999)『人を伸ばす力　内発と自律のすすめ』新曜社

KEY WORD
運動遊び

第16章

運動遊びの実践からやる気を考える
――指導者の関わりの視点――

村田《むらた》 トオル
大阪青山大学 子ども教育学部 教授

1 子どもに教わった自身の指導法の欠点

私はもともとスポーツ財団の職員でした。施設管理と並行して小学生対象のジュニアトレーニング教室の担当も務めており、毎回30人ほどの子どもが参加していました。

ところが、残念ながらすべての子どもがその時間を楽しみにしているわけではありませんでした。3～4人の子どもが体育館の入り口で「行きたくない」と言い、保護者が「せっかく申し込んだんだから」「終わったらカードを買ってあげるから」と、どうにかして子どもを参加させようとする光景が目に入ってくることもありました。

その当時、私がしていたのはいわゆる典型的なトレーニング教室で、「1、2、3、4」と号令をかけながら準備運動をして、少し時間をかけて説明し、ハードルを並べて「さあ、跳ぼう」と列に並んだ順番に実施するというものでした。頭の中は、自分が教えたことを子どもたちが正しく実行できているかどうかでいっぱい。当然ながら視線は子どもの顔に向かず、足の運びばかり見ていました。教えたことと違うことをすれば「違う、違う！」と動きを止めて、やり直しを指示していました。

ところがあるとき、60分間の教室で5分間だけ時間が余ったことがありました。苦し紛れに「残り5分は自由！　好きなことをやっていいよ」と言うと、教室に参加するのを嫌がっていた子どもが打って変わって生き生きとしたのです。しかも、私が教えている間は文句も言わずにやっていたハードルを跳ぶ子は一人もいませんでした。もし子どもたちが楽しんでハードルを跳んでいたのなら、自由時間になってもハードルを跳ぶはずです。しかしながら誰もハードルには見向きもせず、走り回ったり跳び箱によじ登って跳んだりしているのです。このシーンを見たときは、頭を後ろからガーンとたたかれたような感覚でした。そしてこのことが私自身の指導を振り返るきっかけとなり、「教室の時間にこういうことをすればいいんだな」という、なんとなくの気づきが生まれました。

私がしていたことは、子どもへの過度なまでの規制や否定形・命令形の口調です。しかも厄介だったのは、それが子どものためになると思い込んでいたことです。私は「20年間このスタイルで指導してきたけれど、もしかしたら何か大きな間違いや見落としがあったのではないか」と思い始めました。この気持ちは消えるどころか日ごとに増していき、運動指導方法について一から学びたいと思うようになり、私は20年間勤務したスポーツ財団を退職して大学院に進学しました。

2　子ども対象と大人対象の運動指導の違い

大学院での研究に行き詰まったとき、授業で頻繁に出てきた「遊び」という言葉がとても気になり、かたっぱしからその分野に関する書籍を読むと、教室中に気づいた子どもの様子と重なる点がいくつもありました。なかでも、山田敏（1994）が提唱する遊びの定義（表16・1）には深い感銘を受け、実践の場での礎となっています。これまで意識していなかった子どもにとっての遊びとは、なんらかの結果を期待して行う活動ではなく、子どもが今この瞬間、この場所で「自分からしたい！」という内発的動機によってやる気をもって取り組む活動を示しているのだと、強く意識するようになりました。

小学校学習指導要領の冒頭に、体育科の目標として「心

表 16.1　遊びの定義

第１の条件	その活動が子どもにとって楽しいこと
第２の条件	子どもにとってその活動そのものが目的であること
第３の条件	子どもが強制され、拘束されているという感じをもたないこと

（出典）山田敏（1994）

表 16.2　運動遊びの定義

第１の条件	神経系向上が期待できること
第２の条件	スポーツ活動の基礎的動作を含むこと
第３の条件	子どもが熱中し、創意工夫ができること

（出典）村田トオル（2009）

と体を一体としてとらえ」と明記されています。つまり、子どもは心と身体とを分化して考えられないため、「体重を落とすために行いましょう」「将来の転倒予防のために行いましょう」「疲れているのはわかりますが、あなたのためですよ」といった大人対象の運動指導法は、子どもには通用しないことを示しています。すなわち、子どもは「心が楽しいと感じないと意欲的には動かない」ということです。

私は、山田の遊びの定義と自分の実践現場での経験とから、運動遊びを定義しました（表16・2）。1と2はすんなり決まりましたが、3についてはどう表現すべきか、とても苦慮しました。「遊びは刻々と変化する」「いや、活動の主体である子どもが変化させている」「この状況をどう的確に表せばいいのか…」。この答えは、子どもの生き生きとした姿から学びました。「遊びの醍醐味は創意工夫ができることなのだ」と。こうして、時間はかかりましたが、私なりの運動遊びの指導法が確立し、新たな気持ちで子どもたちのやる気を引き出す指導をすることになりました。

3 「遊び」はトレーニングの原則を満たしている

２０１０年に日本体育協会から出されたアクティブチャイルド60 min.では、「毎日60分間の活発な身体活動」の実践が提唱され、２０１２年に文部科学省から出された幼児期運動指針では、心身の健やかな成長のために、就学までに遊びを通じて多様な動作を経験し、洗練化することと記されています。では、実際に多様な動作を盛り込んだプログラムを準備したとして、どのようにして洗練化までもっていくのでしょうか?

ここで、トレーニング効果を出すための原則の一つである「反復性」を思い出してください。課題で示された動きを覚え、獲得し、さらにスムーズに行うには繰り返す必要があります。そのために指導者は、「このメニューを何回で何セット」と指示します。つまり「繰り返しなさい」と言っているのです。私はこの「繰り返し方」に着目しました。子どもの立場からすれば、指示されて繰り返すのと、自分からもう1回したいと思って繰り返すのと、どちらがより効果があるのだろう——と。答えは明白です。

私の研究フィールドである「元気っず®クラブ」(小学校低学年対象)では、サーキットプログラムにおいて「われ先に並ぶ」「密着して並ぶ」「跳びはねて順番を待っている」「終わったら走って元の位置に戻る」など、意欲的な行動を素直に表しています。そして特筆すべきは、「今日はもう終わるよー」と言おうものなら、「えー!」とかわいいブーイングが飛んでくることです。

小学校低学年の児童を対象とした「元気っず®クラブ」で実施するサーキットプログラムでは、子どもたちがやる気を前面に出し、意欲的に遊ぶ。

指導者として、元気っず®クラブのメニューを組み立てる際に留意していることは三つです。一つ目はできる限り待ち時間をなくすこと。これは身体活動量を増やすためです。二つ目は基本動作を盛り込むこと。これはトレーニングの原則のうちの「全面性」を意識してのことです。三つ目はルールをあまり細かく決めてしまわないこと。安全対策や集団としての守るべきルールは提示しますが、それ以外はあえて決めません。大人が介入しすぎると、遊びとは程遠い活動になってしまうからです。

4　日本の将来がかかる子どもの体力・運動能力

今の日本が抱える大きな社会問題に、子どもの体力低下問題が挙げられています。具体的には、親世代と比べると明らかに、走る、跳ぶ、投げるといった能力が低下しているのです。これらの能力はスポーツ活動の基礎でもありますが、日常生活動作に直結する能力でもあります。また、身体活動量の目安である日常歩行数も、低下の一途をたどっています。文部科学省（2002）はこの原因として、「知育偏重による外遊びの軽視」「遊びに不可欠な時間・空間・仲間の減少」「日常的に子どもを不動にさせる環境」などを挙げています。

このまま低い水準での体力や身体活動量が続けば、国民医療費を圧迫するメタボリックシンドロームを抱える人の増加をはじめ、年を重ねたときに訪れる、さらに深まるであろうさまざまな健康問題が待ち受けていることは想像するに難くありません。最近では、日常生活に支障を来《きた》すロコモティブシンドロームやサルコペニアなどの憂慮すべき問題も加わりました。このように指導者の視点から見れば、「将来のために運動が必要だから、今のうちに体力アップや筋力アップを図らなければならない」となります。確かに「将来」も大切ですが、「今起きている現実」にも大きな影響を及ぼしているのです。

文部科学省は新体力テストと同時に生活習慣調査も行っています。両者には密接な関連性があります。たとえば、朝ごはんを毎日よく食べる子は食べない子に比べて、明らかに新体力テストは好結果でしたし、1日8時間寝ている子は6時間未満の子に比べて同様に好結果でした。つまり、「体力・運動能力が高い子ほど生活習慣も好ましい」といえます。

このように考えると、子どもの体力はもはや〝より速く、より高く、より遠く〟という競技力重視の体力とは異なり、今直面している生活全般に強く影響を及ぼすものともいえるのです。

2016年度から、小・中学校では身体測定に運動機能検査が新たに加わりました。この検査の主な目的は「ぎこちない動作をする子どものスクリーニング」です。早期発見することは大事だと考えますが、見つけてからの対策、そもそもの予防法についてはどうすればいいのでしょうか？　整形外科医などの専門家から推奨されているのは「運動遊び」です。「多種多様な動きをするため、一ヵ所に負担がかからない」ということで、発育発達の著しいゴールデンエイジ（9〜11歳頃）の運動機能や運動器への効果が期待されています。

5 内発的動機を生み出すには 指導者の関わりが重要

ここで、前述した内発的動機という言葉を思い出してください。この言葉は言い換えると「自分の行動を自己決定している」ということです。自分で決めたからこそ楽しいと感じ、何度も何度も自分の納得がいくまで反復します。運動遊びは、洗練化のための最も自然な形の反復方法ではないでしょうか。かつて、子どもはこのようにして動きを獲得する過程でちょっと失敗しながらもやる気をもって、まずはやってみるという機会がありました。

また、私には子どもと接するうえで実践している七つの心構えがあります（表16・3）。自分自身に対して常に肝に銘じている事柄です。一見すると、「甘い」「緩い」「指導者がそんなことでどうする」などと思われるかもしれません。しかしながら、子どものやる気を引き出すというえではどれも必要なことばかりです。

表 16.3　子どもの意欲を引き出すための指導法

	具体的な関わり	根　拠
1	命令形・否定形の言葉遣いはしない。	個々の自己肯定感を尊重する。承認欲求を満たす。
2	ピグマリオン効果を使う。	信じ抜くことにより成功に導く。
3	オノマトペを用いる。	直感的に理解できるように。
4	全体指示はヒントを伝える。	創意工夫を促すために動作説明のみにとどめる。
5	（全体指示後の）個人指示は具体的に伝える。	つまずきに対し明確な課題設定や指示をする。
6	ほかの子どもと比べない。	劣等感を抱かせないため。
7	過度な賞讃はしない。	賞讃欲求より、承認欲求を満たすことを優先する。

（出典）村田ほか（2015）

これ以外にも気をつけていることがあります。たとえば動きやフォームが違っていると、指導者が「こうだぞ」と肩や肘を持って手取り足取り教えることがあります。熱心に教えるあまりの行動ですが、皆さんは、たとえ知っている人でもいきなり身体を触られたら、嫌ではありませんか？ 子どもも一緒です。指導上、身体に触る必要があるときは「触ってもいい？」と聞くことが大事です。そもそも自分がその子の立場になり代わることができれば、子どもの気持ちはすぐにわかります。指導者と子どもとの上下関係が変わることはありません。だからこそ、指導者は子どもの気持ちに寄り添うことができなければならないと考えます。

引用・参考文献

日本体育協会監修／竹中晃二編（2010）『アクティブチャイルド60min.』サンライフ出版
日本体育協会監修／竹中晃二編（2017）『子どものプレイフルネスを育てる　プレイメーカー』サンライフ企画
村田トオル（2009）「子どもの運動遊び」（公財）健康・体力づくり事業団『月刊健康づくり』7月号
村田トオル・立溝湧一（2015）「身体活動量とプレイフルネスを生じさせる遊びとの関連について～プレイメーカーとしてのかかわり方を強く意図して～」日本体育協会『日本体育協会スポーツ医・科学研究報告：社会心理的側面の強化を意図した運動・スポーツ遊びプログラムの開発および普及・啓発―第2報―』
文部科学省（2002）「子どもの体力向上のための総合的な方策について―中央教育審議会（答申）」
文部科学省（2008）「小学校学習指導要領」
文部科学省（2012）「幼児期運動指針」http://www.soumu.go.jp/main_content /000218505.pdf
文部科学省（2013）「全国体力・運動能力、運動習慣等調査」
山田敏（1994）『遊び論研究』風間書房

KEY WORD
アダプテッド・スポーツ

第17章

障がいのある子どものやる気を引き出す運動・スポーツ指導

齊藤《さいとう》　まゆみ
筑波大学 体育系 教授

1　放課後の子どもたち

「こんにちは！」

元気に挨拶して入ってくる子ども、声を掛けても素通りしていく子ども、とにかく自分の好みの遊具に突進する子ども。これは毎週△曜日の17〜18時に、大学の運動施設を使って行う運動教室の開始場面です。アダプテッド体育・スポーツ学研究室に所属する大学院生および学群生がスタッフで、参加者は近隣の学校に通う「運動をする場面で特別な支援が必要な」子どもたちです。

教室参加者は小学校低学年から成人まで幅広く、10年以上継続している活動のため、学齢期を過ぎて就労した後もOBとして参加してくれる人もいます。必要な支援ニーズは個々に違いますが、運動課題にそれぞれのやり方で取り組んでいます（写真1～3）。

もちろん「やりたくない！」と主張したり、座り込んだり、その場から逸脱行動をとったりする子どももいますが、それらの行動には必ず理由があるわけで、スタッフは子どもとじっくり向き合い、話を聞き、うまくいかない理由を考えて、活動に集中できる環境をつくっていきます。集中できない理由が運動とは関係ないこと——たとえば前日の家庭での過ごし方や学校でのちょっとした出来事にある場合も少なくないのです。

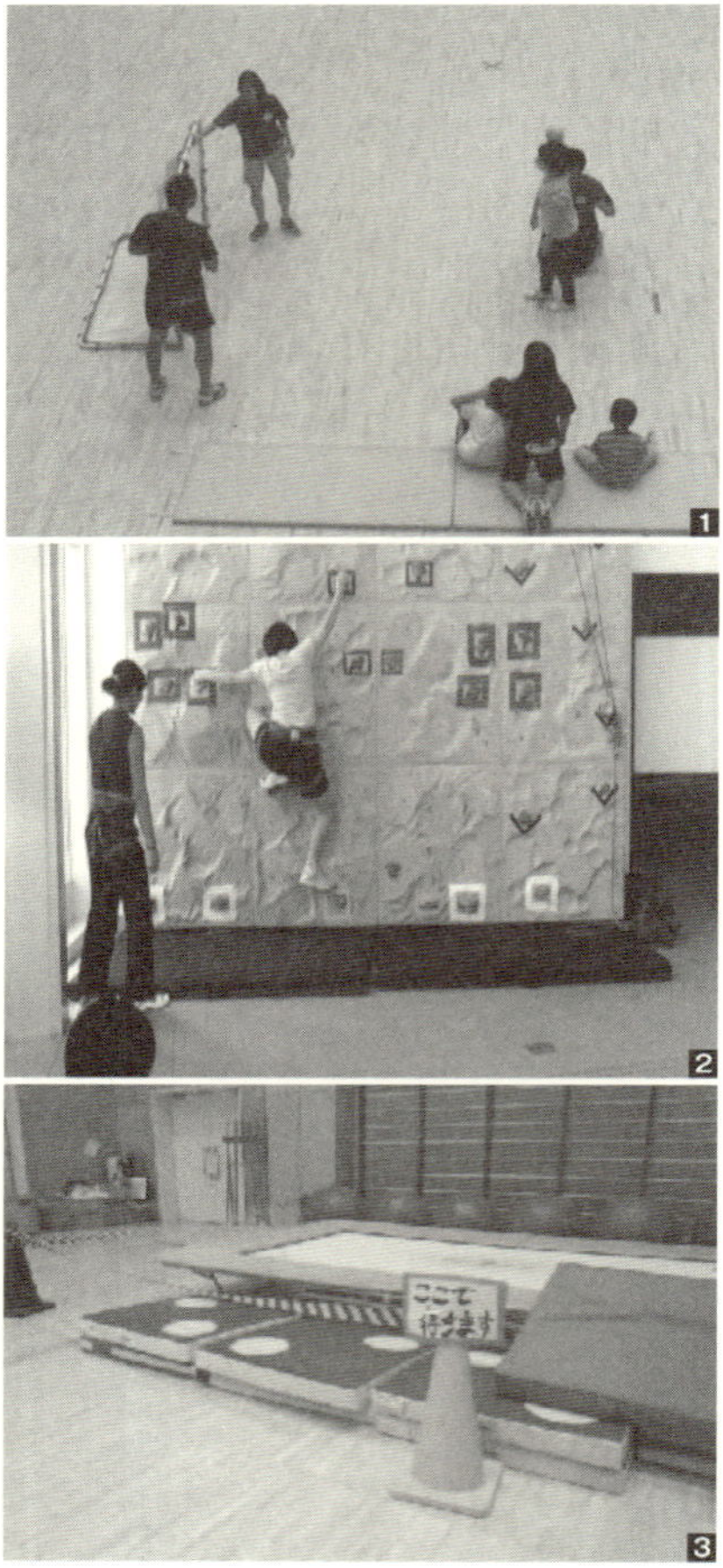

「運動をする場面で特別な支援が必要な」子どもたちが参加する運動教室。参加者の年齢層は幅広く、必要な支援ニーズも異なるが、それぞれのやり方で運動課題に取り組む。

このように、まずは運動に参加している子ども、つまり「人」を知ることから運動指導は始まります。さまざまな発達特性があり、個人差が大きいのが特徴です。

2 子どものニーズとアダプテッド・スポーツの視点

運動教室に参加する子どもたちの、学校での様子と体育授業を参観する機会がありました。そこには、普段見せる表情とは全く違う子どもたちの日常があり、うつむいていて表情が硬い、おどおどしている元気《げんき》さんの姿がありました。共生《ともき》さんは集団のなかで目立たないように動いていて、表面上は支援の必要性がない生徒に見えましたが、観察分析を通して大きな課題を抱えていることがわかりました。創《はじめ》さんはみんなと離れて別の場所で別の課題に取り組んでいました（以上、すべて仮名）。

そこで三人の事例をもとに、スポーツ参加を考えるうえで必要なアダプテッド・スポーツの視点について説明します。

既存のスポーツはルールや用具などの規定があり、その条件下で参加する人が勝敗や記録を競います。つまり、「『人』が『スポーツ（sport）』に合わせる」のです。しかしアダプテッド・スポーツの視点は、「（障がいのある）『人』に対して『スポーツ』が合わせる」というものです。既存のルールや用具などではスポーツに参加できない、楽しめないという人に対して、その人の特性に合わせるために、ルールを変更（簡素化・追加）する、用具の大きさや素材、形状を変える、コートサイズや人数を調整するなどします。ただし、そのスポーツの本質となるべきものの変更は行いません。要するに、できることを前提にどのような配慮や工夫をすればよいかを考え、実践するのがアダプテッド・スポーツの視点です。

【元気さんの場合】

動きがぎこちなく、協調運動が苦手です。成功体験が極端に少ないため、自分に自信がもてず（自己肯定感が低い）、運動教室でも人前で失敗することを極端に嫌い、ごまかして真面目に取り組もうとしない行動をとることや、失敗や自分のせいで勝敗がつくことによってパニックに陥り、その場から離れることがあります。しかし、保護者も指導者もそのことを理解しているので、元気さんがお気に入りの場所で気持ちを落ち着けて戻ってくるのを待ちます。

元気さんの支援を考えるうえで診断名を付けるとするならば、「自閉症スペクトラム障害（ASD）」になります。しかし、一般的にいわれるASD児の支援では、「構造化する、絵文字を使う……」などとなりますが、運動を行ううえで必要な支援では、本人の運動への思い、苦手意識、個人の認知特性および社会性などを加味して考えます。

まずはスモールステップで成功体験を重ねることができるような課題を設定し、課題や目標を明確にすること、それからできたことに対してその場でおおいに褒め、共感することです。もし失敗しても、よかったことを見つけて褒めてから（例：「赤2まで近づいたね『ハイタッチ！』」、次は（青を指差して）3まで進んでみよう」）、具体的なフィードバックを与えることで、運動中の笑顔やハイタッチを求める行動が増えてきました。

【共生さんの場合】

常に友達の動きを見て、なんとなく理解して大体の様子で動いています。集団から外れた行動をとるわけではないので、指導者もとくに気にすることがなく、理解しているかどうかの確認を見落としがちです。難聴のため日常生活では補聴器をつけていますが、汗をかくとハウリングするので運動時は外すこともあります。

私たちは視覚から得る情報が多いため、難聴であっても動き（示範）を見る、文字や手話などの視覚情報があれば伝わると思いがちです。しかし、運動感覚は耳から入る情報と視覚情報とを統合して理解していることも多く、同じ言葉や文字で表現されることでも、概念共有できているかどうか確認が必要です。

共生さんには、難聴であることをあえて知らせたくない、友達に知られたくない、指導者にはほかの人と同じように扱ってほしいという思いがあります。そこで指導の際に三つのポイントを意識しました。

①活動開始時に、時間の流れや目標、キーワードなどをボード（ホワイトボードや手書きボードなど）に提示して説明する（活動概要の提示）。
②指示を出す際に、必ず全体を注目させる（合図と間）。
③具体的な課題設定（視覚情報と概念共有）をする。たとえば、ゴール型球技の基礎となるコミュニケーションとパスの場面では、ビブスを着用し、「番号順にパスする」「奇数で番号順に動く」「同じ番号の相手にパスする」など、全員が必ず視覚で情報を確認する状況を設定し、アイコンタクトによるコミュニケーションが一般化することをねらう。

このようなユニバーサルなデザインは、特定の子どものためだけでなく、すべての子どもの指導に通じます。

【創さんの場合】
小学生のときはクラッチ（杖）を用いて歩行していましたが、現在は日常生活で車椅子を使うことも多く、運動経験が少ないため、自分にスポーツはできないと思っていました。「卓球しようか?」「テニスする?」「スポーツテストするよ」という指導者の声掛けに、必ず「できません」「やったことがありません」と答えていました。体育やスポーツへの参加経験がなかったため、自分がスポーツをする対象であるという認識がなかったのです。

スポーツテストの場合は、どのような体力要素を測るのかをもとに、車椅子でできる方法を考え、継続して実施していきました。その結果少しずつですが、記録が上がるもの、確実に筋力の低下が反映されて測定値が低下していくものなどを、客観的に把握することができました。

卓球やテニスはラケットの握りやすさを考慮し、紙粘土でアタッチメントを作成してゴムバンドで固定することで、安定して動かすことができました。筋力が弱く力の調整が難しい、または素早い動きに対応することが難しい場合、反発性のあるスポンジボールやヘリウムガスを混ぜた風船などを使うことで、ネット型球技、用具操作などの目標を達成することができます。

このような体験を重ねるうちに創さんは、自分がカバーできるコートエリアについて自ら説明できるようになり、ダブルスのゲームではペアと戦術について話し合うこと、また、可動域の関係でどうしてもラケットが届かないエリアに対する特別ルールの提案などができるようになりました。今では勝敗にもこだわり、真剣勝負を楽しむことができるようになりました。

運動時に支援が必要な子どもたちでも、少しの配慮や工夫によってスポーツへの参加度が高まる。その際にスモールステップで成功体験を重ね、“できる”実感を共有することができれば、活動意欲は湧いてくるもの。

3　スポーツの力

事例で示したように、少しの配慮や工夫をすることでスポーツへの参加度が高まります。そして適切な課題設定の下にスモールステップで成功体験を重ね、できることを周囲の人と共感することによって、子どもたちは次への活動意欲を高めていきます。指導者一人では難しい場面ならば、どこに相談すればよいのか、誰が頼りになるのか、ネットワークを広げてみましょう。チームティーチングや地域の資源をうまく活用してみるのです。近くには特別支援学校の先生や障がいのある子どもの保護者やきょうだい児、そして私どものようなアダプテッド・スポーツの実践者もいるはずです。

スポーツ基本法の成立、障がい者の権利条約への批准、合理的配慮、東京オリンピック・パラリンピック開催決定など、障がいのある人とスポーツを取り巻く環境は急速に変わっていきます。指導者の意識もその変化に柔軟に適応（adaptation）していかなければなりません。スポーツのメリットを享受するという、当たり前のことが当たり前にできること、そのためには「どうすればできるか」を考え実践すること。それがアダプテッド体育・スポーツ領域から指導者の皆さんに送るメッセージです。

子どもたちは「できない」のではなく、機会が与えられれば「できる」のです。経験すれば、自分に必要な支援を説明することもできます。そうすることで、自ら運動するための方法を体験的に学んでいきます。同じ集団の子どもたちは、ともに活動するためにどう動けばよいのか、コミュニケーション方法とともに具体的なサポート方法を身につけていきます。そして指導者の皆さんも、「できる」の形を多様な価値観で創造してください。

引用・参考文献

澤江幸則・齊藤まゆみ（2014）「第7章　障害のある子どもの「身体」」『身体性コンピテンスと未来の子どもの育ち』明石書店、184-210頁

KEY WORD
保護者

第18章

子どものやる気を引き出す保護者の役割

村田《むらた》　一恵《かずえ》
スポーツペアレンツジャパン 代表

1　やる気とは「好きである」強い気持ち

子どものやる気を引き出すためには、コーチと保護者との信頼関係と協力態勢が不可欠です。コーチが間違ったアプローチをしたり、どんなに頑張っても保護者が非協力的であったりすれば、子どものやる気は下がってしまいます。逆に、保護者がどんなに子どもを頑張って支えても、コーチがやる気を引き出す指導をしなければ、やはり子どものやる気を引き出すことは難しいでしょう。

そもそも、「やる気」とはなんでしょうか？　単純な解釈であれば、「やりたいと思う気持ち」だと思いますが、私はスポーツにおけるやる気とは、「好きであるという強い気持ち」だと思っています。子ども自身がそのスポーツを「好きである」という強い気持ちこそ、やる気につながるのではないでしょうか？

大事なのは、〝子ども自身が〟というところです。〝保護者が〟ではありません。もちろん、子どもがスポーツを始めたときから、保護者もそのスポーツに関わりをもつことになりますから、「興味をもち」、そして「好き」になるのは自然なことですが、その「好き」が子どもの「好き」を超えてはいけないと思っています。

超えていたとしてもあまりおおっぴらにせず、内に秘めていたほうがよいでしょう。なぜなら、最初は子ども自身が「楽しい」「面白い」と思って始めたスポーツが、やがて「親のために」や「勝つ（上手にできる）と親が喜ぶから」となってしまう可能性があるからです。あるいは、ミスをしたり成績が伸びなかったりしたときに、自分が悔しいと思うよりも、「親に怒られる」「親が悲しむ」と思ってしまっては本末転倒です。

2　保護者は縁の下の力持ち

以前、アメリカのスポーツペアレンツに関するサイトで、〝You cannot make your child become champion. Your child has to come up with that all on his or her own.〟という記事を見かけました。翻訳すると、「あなた（保護者）が子どもをチャンピオンにすることはできない。子どもが自分自身で到達しなくてはならないのだ」という意味です。実に的を射ている記事だと思いました。

プレーしているのは子どもであって、保護者ではないのです。保護者はあくまで縁の下の力持ちのような存在となって子どもを支えていくべきです。子どもの前を走って「こっちだ、こっちだ！」と牽引するのではなく、少し後ろから伴走するイメージが理想的です。

また、保護者でも父親と母親とでは子どもへの接し方が異なります。私は、「もっともっと」のお父さん、「なんでなんで」のお母さん、という表現をセミナーなどで使用しています。お父さんは子どもに対して、「もっともっと！」を要求しがちです。もっと練習しろ、もっとうまくなれ、もっと上を目指せ、もっと頑張れ……。一方、お母さんは子どもに対して、「なんでなんで？」と聞きがちです。なんで練習しないの？　なんでできないの？　なんで頑張らないの？　なんであなたは……。どちらも自分が子どもの立場だったら、「さあ、やるぞ！」という気持ちにはならないでしょう。

保護者に言われたからではなく、プレーヤー（子ども）自身がそのスポーツが好きで楽しんでいるからこそ、自然にやる気が生まれるのではないでしょうか？　保護者やコーチが引き出すのではなく、子ども自身が自らやる気を出すことができる、その環境を大人たちがつくるこ

子どもがスポーツを始めたときから、保護者もそのスポーツに興味をもち、好きになるのは自然なこと。保護者はどんなことがあっても子どもたちを支える立場でい続けることが重要。

とが理想の形なのかもしれません。

3　親は親であれ

では、その環境をつくるために保護者ができることは何か、いくつか挙げたいと思います。

①子ども自身が楽しんでいるかどうかを大切にする
②わが子の成長や進歩に焦点を絞り、褒める（ほかの子どもと比べない）
③ミスは成長のために必要と理解する（最初から完璧を求めない）
④常に子どもを支え、励ます
⑤子どもたちの選択を尊重する
⑥わが子だけのことを考えず、チーム全体の和を大切にする
⑦プレーヤーズファースト、フェアプレー精神を尊重する
⑧コーチ、審判、相手チーム、チームメート、その保護者をリスペクトする
⑨保護者もチームやクラブのルールをきちんと守る（コーチとよりよい関係を築く）
⑩子どもたちのプレーを批判したり、否定したり、文句を言ったりしない
⑪試合に勝っても負けても、成績がよくても悪くても、子どもたちを笑顔で迎える

⑫ 子どもと一緒に、子どものスポーツ参加を楽しむ
⑬ 保護者も学び続ける。自分の経験を押しつけない
⑭ チームやクラブ運営で協力できることは積極的に行う
⑮ 指導や戦術はコーチに任せる。サイドラインコーチにならない

挙げ始めたらきりがないのですが、根本にあるのは〝親は親であれ〟ということです。試合に出られなかったり、試合出場時間が短かったり、スタメンから外れたり、ミスしてコーチから叱られたりすることは、スポーツ活動を通じて多々経験することですが、その一つひとつに保護者が一喜一憂せず、どんなことがあっても子どもたちを支える立場でい続けることに尽きると思うのです。

保護者であり、コーチでもあるという方もいらっしゃることと思いますが、保護者コーチはグラウンドやコートの外では保護者であるべきです。もう一つ、アメリカの記事（What Makes A Nightmare Sports Parent — And What Makes A Great One, by Steve Henson, 2012. 2. 15）[1]をご紹介します。

大学生アスリートたちにとって、彼らが子どもの頃、スポーツ活動で嫌な時間はいつだったか？　という質問で一番多かった回答は、「帰りの車の中」というものだったそうです。その理由は、練習や試合が終わった後、車の中で今日のプレーについて、保護者にあれこれ言われるのが一番苦痛だったというのです。

その記事では、練習や試合が終わった後、学生たちが保護者にかけてもらってうれしかった言葉も一緒に紹介されていました。それは、〝I love to watch your play.〟直訳すると「私はあなたのプレーを見るのが好き」ですが、日本語のニュアンスとは少し異なるでしょう。日本語ではもう少し簡潔に、「お疲れさま！」がいいと思っています。試合に勝っても負けても、いい結果になってもならなくても、まずは「お疲れさま！」と笑顔で子どもを迎えてあげることが、保護者の役割なのではないでしょうか？

保護者が子どもに「もっとやる気を出してほしい」と思っているのなら、「どうしたらやる気が出るのか？」を考えるべきですし、そもそも保護者ではなく、子ども自身がそのスポーツに夢中になっているのかを、もう一度見つめ直すべきでしょう。

スポーツの現場で、「もっとやる気を出せ！」「やる気を見せろ！」という声がかかることがよくあります。そのような言葉がけではなく、どうしたら子どもがそうできるのかを保護者も考えるべきです。子ども自身がそのスポーツに夢中なのであれば、保護者が「やる気を出せ！」などと言わなくても、やる気満々で練習するでしょう。

4　感情の共有化

子どものやる気アップのためには、試合時の観戦態度も重要です。保護者は精一杯応援しているつもりで悪気は全くないのですが、保護者の間違った声がけは、子どもたちのプレーに悪影響を与え、やる気を損ねているかもしれません。「ミスすんなよ！」「何、そのプレー？」「やる気あんの？」など…。マイナスの言葉がけはマイナスのプレーを招き、プラスの言葉がけはプラスのプレーを導きます。そのことを保護者も知らなければなりません。もし保護者である自分が選手だとして、周囲からそんな言葉が聞こえてきたら、やる気をなくしてしまいませんか？　ミスしてこそ学ぶのだ、ということを保護者は知っておくべきです。

また、コーチングはコーチの仕事であり、保護者の仕事ではないことも理解しなくてはいけません。保護者がサイドラインから指示を出すべきではありませんし、子どものプレー時間が短かったから、試合に出られなかったから、あるいはいつもと違うポジションだったからといって、コーチに詰め寄るなどはＮＧ行為です。

試合後の子どもを迎え入れる態度も大切でしょう。試合から帰ってきた子どもに対して、「今日はどうだった？　勝った？　負けた？　活躍した？　フル出場できた？　何点決めた？　誰が決めた？　打った？　記録は？　コーチに怒られた？　褒められた？　ポジ

子どもがスポーツを始めたときから、保護者もそのスポーツに興味をもち、好きになるのは自然なこと。ただし、子どもの「好き」を超えてはいけない。

ションはどこだった？……」など、矢継ぎ早に細かく聞くべきではありません。試合で経験した嫌なこと、悔しかったこと、うれしかったことを話す前に、家ではまずゆっくりしたいはず。緊張でいいパフォーマンスができなかった、自分のミスで失点した、スタメンを外れた、試合にあまり出られなかった……など、なかには話したくないこともあるでしょう。時間が経過することで子どもが自ら話してくれることを信じ、保護者はちょっと待ってみるのです。

当然ながら、「あんまり試合、出られなかったんだ……」と話してくれた子どもに対して「なんで？　どうして？　なんかミスしたの？　ちゃんと、コーチにアピールしたの？　やる気が伝わらなかったんじゃない？」などと言ってはいけません。グラウンドやコートで経験したことは、いったんそこで消化させてあげましょう。家庭にもち込むのは、子どもが望んだときだけ。一緒に喜び、一緒に悔しがってほしいときは、子どもから話し始めるはずです。

子どものやる気を引き出す保護者の役割があるのだとすれば、「感情の共有」かもしれません。子どもが悔しがっているときには「悔しいね」「つらいね」と寄り添い、喜んでいるときには「すごいね」「うれしいね」と感情を共有する。保護者が子どもを認めてあげれば、子どものやる気は自然に引き出されるはずです。

「あなたのこんなプレーにお父さん（お母さん）は感動した！」「率先して片づけしていたね。よく気がついたね」など、コーチが気づかないちょっとしたことを保護者が認めてあげれば、「見ていてくれた！　次も頑張ろう！」とやる気が出るのではないでしょうか？

逆に、「今日のお前はダメだった」「もっと頑張らないとスタメン落ちるぞ」「あのプレーはなんだ？」「なんであんな簡単なミスをしたんだ？」などと否定ばかりすれば、子どものやる気は消失してしまうでしょう。子どもから「練習とか試合、もう見に来ないで！」と言われたら危険信号です。保護者としての態度を見つめ直すべきでしょう。

5 保護者とコーチとの信頼関係の構築

子どもへの接し方だけでなく、コーチや審判への接し方も重要です。審判のジャッジに大声で文句を言う保護者の姿を、子どもたちは見ています。コーチの指導にいちいち文句を言う保護者の姿に、子どもたちは辟易《へきえき》しています。どちらも、子どもたちのやる気を損ねる行為といえるでしょう。

しかし、残念ながら現在、国内のスポーツペアレンツ（スポーツをする子どもをもつ保護者）にとって、スポーツを通じた子どもやコーチとの接し方、ポジティブな応援の方法、サポート方法についての情報はまだまだ少なく、正しい行動やスポーツ現場での〝モラルある行動〟については実際に知らない保護者が多いということを、コーチの方々にも理解してもらえればと思っています。そのために当スポーツペアレンツジャパンでは、保護者向けの情報を発信する活動を行っています（スポーツペアレンツジャパンＨＰ：https://www.sportsparentsjapan.com/）。

コーチの方々の「当たり前」が、必ずしも保護者の「当たり前」ではない場合は多々あります。悪気はないのですが、保護者が「知らない」「わからない」ことがスポーツ現場ではしばしばあるのです。スポーツ経験者の保護者ばかりではありません。子どもがスポーツを始めたことで、その世界を初めて知ったという保護者も多いでしょう。スポーツ経験者の保護者であっても、自らの経験と異なる環境を受け入れられず、持論を押しつけ、子どもやコーチに必要以上のプレッシャーをかけてしまうケースもあると思います。

私自身、学生時代からずっと運動部に所属し、アスレティックトレーナーを目指してアメリカの大学で学び、帰国後もさまざまなチームやクラブに関わらせていただきました。それでも、わが子がスポーツ少年団に入団したときには、理解できない「少年団の当たり前」がいくつかありました。「なぜそんなことまで親がやらなくてはいけないの？　このしきたりはなんのためだろう？」と。しかし、子どもが楽しくスポーツ活動ができる環境づくりのためには、保護者とコーチとの信頼関係が必要不可欠です。そのためのチームへの協力やしきたりを守ることは大切なことなのだと、やがて理解できるようになりました。

もちろんコーチの方々にも、「それが決まりだから」「これまでもそうしてきたから」ではなく、「なぜそれが必要なのか」「どうしてそういうルールなのか」「保護者にはどんなことに協力してほしいか」「子どもにどのように接してほしいのか」を、きちんと説明していただきたいと思っています。

保護者は、わが子のことになると冷静さを失いやすいもの。保護者が子どもにどうなってほしいのかではなく、プレーヤー（子ども）がどうなりたいのかが大切だということを、もし保護者が見失っているようであれば、ぜひ指摘してあげてください。コーチと保護者との信頼関係が高まれば、よりスムーズに子どもたちのやる気を引き出す環境づくりができるはずですから。コーチも保護者も、「子どもたちのため」という思いは同じはず。私は、子どもたちがやる気になるスポーツ環境を、コーチと保護者が協力することで築いていけたらいいなと思っています。

注

（1）http://www.thepostgame.com/blog/more-family-fun/201202/what-makes-nightmare-sports-parent（2018.02.01最終閲覧）

終章

子どものやる気を引き出すコーチング

佐藤《さとう》 善人《よしひと》

1 はじめに

ここまで、さまざまな立場の方に「やる気」の引き出し方について論じていただきました。指導者の指導法や保護者の関わり方など、多くの具体的な方法が示されてきましたが、立場は違えども一貫していたのは、スポーツ場面の主役は子どもであるということでした。子どもは挑戦するスポーツに対して、「上達したい」「試合に勝ちたい」という願いがあります。それらをサポートする指導者や保護者の関わりが、子どもの「やる気」を引き出すのです。

本書のまとめとなる本章では、これまでにも何度か触れられてきた「内発的動機づけ」に焦点を当て、その研究の第一人者であるエドワード・L・デシ（1999）の見解をもとに、「やる気」について考えてみたいと思います（以下、ページ数のみの表記は同書からの引用）。デシはさまざまな臨床的実験によって得たエビデンスから、子どもの「自律」を最大限に引き出し、指導者や保護者の「統制」を弱めることができれば、「やる気」は引き出され、意欲的に行動する子どもが育つと述べています。

2　自律と統制

デシによれば、内発的動機づけによる行為は「活動それ自体に内在する報酬のために行う行為」（27）であり、「活動それ自体に完全に没頭している心理的状態」（28）を引き出します。つまり内発的動機づけによる行為は、何か別の目的（優勝して賞金をもらう、スポーツで心身を育成する）に到達しようとすることとは無関係といえます。しばしば指導者は、「この大会に優勝したら進学に有利だ」と言います。また保護者は、「試合で活躍したらゲームソフトを買ってあげる」と言います。もちろん、これらの言葉がけがきっかけとなって、子どもが活躍することもあるでしょう。しかしこの場合、子どもはスポーツ自体に内在する報酬を求めてプレーしたのではなく、指導者や保護者にぶら下げられたニンジンを求めてプレーしたといえます。こういう行為が繰り返されると、子どもはニンジンをぶら下げてもらえないと頑張ることができなくなってしまいます。

デシは、こういったニンジンをぶら下げる行為のことを「統制」といいます。「エラーをしたらメンバー交代するぞ」「私が教えた通りにプレーしなさい」「優勝したら焼き肉を食べに連れていく」「素振りを100回しなければ、ゲームをしてはダメ」……。よく耳にするこうした言葉は、指導者や保護者からの統制であり、これらが強ければ強いほど、あるいは続けば続くほど、子どものやる気は低下するのです。

デシは統制ではなく、子どもの「自律」を引き出す指導の重要性を述べています。「人は自らの行動を外的な要因によって強制されるのではなく、自分自身で選んだと感じる必要があるし、行動を始める原因が外部にあるのではなく、自分の内部にあると思う必要がある」(40)とされ、この自律の感覚が高まると子どもの内発的動機づけも高まり、意欲的に活動することができるのです。では、この自律の感覚をどのようにして高めればよいのでしょうか。デシは、「自己決定」と「有能さ」と「関係性」への配慮の必要性を主張しています。これらについて、具体例を用いながら考えてみましょう。

3　自律をどう引き出すか

ここでは、ある中学野球部の二人の監督（TとJ）を対比させながら、具体的に検討します。

自己決定

【T監督の場合】

Tは生徒への指示が多く、練習のメニューはすべてT自身が決めます。もちろん、試合中にTが出すサインに生徒が従うことは絶対です。

あるとき、1塁ランナーだった生徒Aは、相手ピッチャーの投球動作の癖を見抜きました。走力に自信があるAは、監督のサインが出ていないにもかかわらず、1塁から2塁へ盗塁し、見事成功させました。このプレーをきっかけにして、チームは逆転勝利を収めました。しかし、試合後のミーティングで、TはAに対して「誰が盗塁しろと言った‼」と怒鳴りました。「監督の指示が聞けない者は試合に出さない」とも言いました。以後、Aは監督の指示がない限り、成功のチャンスがあっても盗塁をすることはなくなりました。

【J監督の場合】

Jは生徒へ必要最低限の指示を出します。生徒がつまずいていたらアドバイスしますが、自身の考えを押しつけようとはしません。練習メニューはキャプテン中心に考えます。もちろん、必要に応じてJが提案した練習もします。試合中に

自己決定の機会を与え、子どもの内発的動機づけを引き出す。

はサインを出しますが、チャンスがあれば自らの判断で動いてよいと指示しています。

あるとき、1塁ランナーだった生徒Bは、相手ピッチャーの投球動作の癖を見抜きました。走力に自信があるBは、監督のサインが出ていないにもかかわらず、1塁から2塁へ盗塁し、見事成功させました。このプレーをきっかけにして、チームは逆転勝利を収めました。試合後のミーティングで、JはBに対して「Bの判断は素晴らしかった」と賞賛しました。「自分で『いける』と思ったときは、失敗を恐れず挑戦しなさい」とも言いました。以後、Bは監督の指示がなくても果敢に盗塁に挑戦するようになり、その技能はますます向上しました。

＊

デシは「それをどうやるかに、ある程度の自由裁量が許されていれば、一人の独自性をもった人間として扱われなかった人よりも、その活動により熱心に取り組み、より楽しむ」(44)と述べています。プレーの主体者は生徒自身です。自らが判断してプレーしないのであれば、監督の操り人形と一緒です。極端なことをいえば、Tの下でプレーするのはAという個人である必要はなく、従順であれば誰でもよいのです。もちろんチームプレーは重要であり、自分勝手な行為を容認するつもりはありませんが、ある程度の自己決定が保障されないのであれば、生徒のやる気は引き出されないでしょう。

有能さ

【T監督の場合】

Tは生徒を前にして、「今日の試合に全力で臨み、勝利を勝ち取れ!!」と叱咤激励しました。生徒は勝利を目指して精一杯プレーしましたが、試合には残念ながら敗れました。Tは試合後のミーティングで、「君たちは全力で臨んだのか?」「怠慢なプレーがあった」「罰としてグラウンドを10周」と生徒に告げました。全力でプレーしたにもかかわらず、叱られ、罰を与えられた生徒の意欲は大きく低下しました。

【J監督の場合】

Jは生徒を前にして、「今日の試合に全力で臨みましょう。全力で臨むとは、それぞれが課題として練習してきた成果を最大限に発揮しようと努めることです。たとえば、C君は盗塁の成功率を上げようと必死に取り組んできたね。チャンスがあればその成果を発揮してください」と具体的に指示を出しました。生徒は勝利を目指して、自身の課題を達成しようと精一杯プレーしましたが、試合には残念ながら敗れました。

Jは試合後のミーティングで、「今日は負けてしまって残念だったね。それぞれが課題にしてきたことに挑戦できたかな。C君はチャンスがあったのに盗塁することを躊躇したね。C君はもっと盗塁の練習をしよう。ほかの皆も、それぞれの課題を明確にして練習を始めよう」と話しました。生徒は勝利を目指して、自分の課題達成に向けて、ますます練習に励むようになりました。

＊

デシは「どのような行動が期待され、その行動によってどのような結果が生じるのかということがはっきりしていなければならない」(85)と述べています。つまり指導者が曖昧で漠然とした目標を提示しても、生徒は全力を出すものの、具体的には動けないことがあるということです。また、「人は有能感への欲求に駆り立てられて、達成感を得るというただそれだけのために、さまざまな活動に積極的に取り組もうとする」(88)とも述べています。ミスをしたら罰として走らせるという指導を目にすることがありますが、これは統制以外の何物でもありません。罰を与えるのではなく、生徒がうまくなりたいと思う気持ちをサポートする必要があります。生徒は有能でありたいと思うからこそ、必死に練習します。そして、上達して達成感を得ます。自らの課題に挑戦する生徒のわずかな伸びを逃さず捉え、賞賛する指導者でありたいものです。

関係性

【T監督の場合】

Tは常々、「試合中にミスをしたら即交代させるぞ！」と話し、チームに緊張感を与えています。ある試合でエラーをした生徒Dは、次の回の守備につくことはありませんでした。同じポジションでレギュラーの座を争う生徒Eは、Dのミスを喜んでいます。

またTは、自分の指示通りに動ける生徒を重宝します。どれだけ技能が高くても、どれだけ努力をしても、Tの意に沿わなければ試合には出場できません。そのため、監督に認められるには指示に対して従順になるしかありません。生徒はますます受動的な練習態度になりました。

【J監督の場合】

Jは常々、「ミスを恐れず、自分を信じてプレーしなさい」と話し、生徒を鼓舞しています。ある試合でエラーをした生徒Fに対しても、「さっきのプレーは惜しかったね。次に期待しているぞ」と激励の言葉を掛けました。Fは、同じポジションでレギュラーを争う生徒Gとも日頃から教え合い、励まし合っています。

またJは、生徒自身の判断でプレーすることを奨励しています。監督の指示を待って動く生徒ではなく、それぞれの意思で動く生徒でなければ試合には出場できません。そのため、監督に認められるには、自ら考えて行動する主体的なプレーヤーになる必要があります。生徒はますます能動的な練習態度になりました。

＊

デシは、「他者―子どもや生徒、従業員―を、自分自身の満足のために操作すべき対象と見るのではなく、人間として、支援する価値のある能動的なエージェントとして認めながら関わっていく」（137）ことが、自律の感覚を養うためには重要であると述べ、「彼らと関わるとき、彼らの立場に立ち、彼らの視点から世界を見る」（137）ことの必要性を主張しています。つまり、指導者の道具として生徒を見るのではなく、生徒自身を一人の人間として尊重し、「あなたを信じている」「あなたはチームにとって必要だ」といったメッセージを込めて関わることが求められるのです。デシは「真に自分らしくあるということには、他者の幸福に対する責任を受け入れること」（141）が必要であるとも述べています。よりよい関係性の構築は、指導者と生徒個人との間だけの問題ではありません。生徒自身もほかの生徒を信頼し、その成功を願い、ともに支え合う関係性を構築する努力が求められます。

4　指導者と保護者へのメッセージ

T監督は統制が強い指導者であり、J監督は自律を引き出す指導者です。もし皆さんが生徒の立場であれば、どちらに指導してほしいでしょうか。筆者ならJ監督からの指導を切望します。こういった比較をすると、しばしば「J監督は甘い。それでは強くならない!!」という批判を受けることがあります。もしかしたら、T監督のように統制を強めて指導することで、一時的に成果が上がることもあるでしょう。しかしながらT監督が求めているのは、彼が面倒を見ている中学3年間での成果です。T監督は生徒が卒業した後の責任を負いません。統制のなかでプレーした結果、「高校に進学したら、あんなにつらい野球はやめよう」という生徒が多数生まれても、T監督はなんら責任をとる必要がないのです。

J監督の下で育った生徒はどうでしょうか。自己決定が保障され、有能さを感じています。先生や仲間に信頼されて、3年間活動しました。きっと多くの生徒は野球を続けるでしょうし、野球を続けなくても「私は、〇〇という理由で高校ではバドミントン部に入ります」というように、主体的な選択をするはずです。

指導者・保護者の皆さん、子どものスポーツ指導に従事する大人は、自分が関わる短い期間にのみ責任をもつだけではダメです。子どものスポーツライフはずっと続きます。小学校、中学校、高校、大学……、学校期を終えて社会に出てからも、彼らがスポーツと主体的に関わっていく力を育てなくてはいけません。

指導者や保護者がいなくても、自ら進んでスポーツをしたり、見たり、支えたりする未来の姿を想像しながら、目の前の子どもと関わってください。そして、主体的なスポーツの実践者に必要なのは、やる気です。小さいうちにやる気の大切さに気づかせ、意欲的に挑戦する子どもを育てる。そのような指導者や保護者の指導や関わり方が本書をきっかけとして広がることを期待しています。

引用・参考文献

エドワード・L・デシ&リチャード・フラスト著、桜井茂男監訳（1999）『人を伸ばす力―内発と自律のすすめ』新潮社

あとがき

スポーツにはさまざまな可能性があります。スポーツを楽しむことで、生活に彩りが生まれます。スポーツを観戦したりボランティアとして支えたりすることで、プレイヤーから元気をもらえます。スポーツによって健康な身体を得ることも可能です。しかしながら、これらの効果はスポーツに関わろうとする「やる気」がなければ獲得することはできません。どれだけ上手な子どもを育てたとしても、「もう野球はいいや……」と途中でやめてしまう子どもを生み出しては意味がありません。つまり、私たち大人は、子どもの「やる気」を喚起し、スポーツ好きに育てることが最も重要なのであり、競技力の向上は二の次ということになります。

ところが子どものスポーツの現状はどうでしょうか。どうも目の前の勝利を追うことが多いような気がします。スポーツの面白さは競争にありますから、それを外しては語れません。ただ、勝つことばかりを求めると、指導者や保護者が子どもを上手くしようと過剰に熱くなり、スポーツの主体者であるはずの子どもが置き去りになる場合があります。子どもの「やる気」を引き出すというよりは、指導者や保護者が中心となるスポーツ指導になってしまう恐れがあるのです。

そう考えると、本書を編みおえた今、本書を手に取って内容を参考にしながら子どもを指導してくださった指導者や保護者の皆さんに感謝の言葉しかありません。皆さんの「やる気」のおかげで、子どものスポーツに対する「やる気」も引き出されたことでしょう。そして、子どもの精一杯のプレイ、仲間を大切にする姿、道具を丁寧に扱う姿などにたくさん出会えたはずです。こういった姿を引き出した指導者や保護者に対して、子どもは感謝の気持ちをもつでしょう。きっと彼らが大人になり、皆さんの姿を手本として、次の世代の子どもと関わってくれるはずです。

本書は、2015年2月から2017年1月までの2年間、『コーチング・クリニック』（ベースボール・マガジン社）にて連載した原稿がもとになっています。編集長である森永祐子様には連載期間中、大変お世話になりました。ありがとうございました。書籍化に向けた過程では、学文社の落合絵理様に大変お世話になりました。感謝の気持ちで一杯です。ありがとうございました。

また本書は、各分野でご活躍の先生方にご執筆いただいています。ご多忙の中でのご執筆、そして書籍化に向けた原稿の校正作業、本当に感謝しております。

指導者、保護者の皆さん。引き続き、子どもの「やる気」を引き出し続けてください。子どもの精一杯の姿は皆さんを元気にしてくれます。子どものためと思い関わっているスポーツ指導は、実は皆さんの生活を豊かにしているのです。子どもだけでなく、指導者や保護者の「やる気」が溢れるスポーツ場面を想像しながら、筆を置きたいと思います。

２０１８年３月

編著者　佐藤　善人

編著者紹介

佐藤善人（さとう よしひと）

1972年　神奈川県生まれ
2008年　東京学芸大学大学院教育学研究科修士課程修了
現　在　東京学芸大学教育学部教授
岐阜県小中学校教諭，東京学芸大学附属大泉小学校教諭，岐阜聖徳学園大学准教授を経て現職。専門は体育科教育学。日々，子どもが「やる気」になる体育授業や地域スポーツのあり方を追究している。
主な著書『スポーツと君たち　10代のためのスポーツ教養』大修館書店，2019年（編著）
『子どものプレイフルネスを育てる　プレイメーカー』サンライフ企画，2017年（共著）
『体育科教育』一藝社，2016年（共著）
『ACP子どもの心と体を育む楽しいあそび』ベースボール・マガジン社，2015年（編著）
秩父宮記念スポーツ医・科学賞奨励賞受賞（2016年）
ランニング学会学会賞受賞（2021年，2017年）

子どもがやる気になる!! スポーツ指導

2018年4月10日　第1版第1刷発行
2022年4月5日　第1版第3刷発行

編著者　佐藤　善人

発行者　田中　千津子
発行所　株式会社　学文社
〒153-0064　東京都目黒区下目黒3-6-1
電話　03（3715）1501（代）
FAX　03（3715）2012
https://www.gakubunsha.com

印刷所　新灯印刷

ISBN978-4-7620-2782-6